愛のモヤモヤ相談室

美輪明宏

大和書房

はじめに

この世の中に存在する人間で、幼児からお年寄りまで、大なり小なり悩みのない人などひとりとしていないと思います。私もその中の一人です。

お役に立つかどうかはわかりませんが、89年の人生で体験したことを参考に、案内役である高瀬耕造アナウンサーの助けも借りながら、『美輪明宏愛のモヤモヤ相談室』という番組で様々な悩み相談にお答えさせていただくことになりました。

すべてがデジタル化された世の中では、人間関係、仕事関係、容姿や能力、病気やケガ、金銭問題など、悩みの種類も多岐にわたることと思います。悩み苦しんだとき、人はついつい「感情」に支配されてしまいますが、どんなときも問題に向き合うために必要なのは「理性」しかない、それを改めて強調したいと思います。なるべく「感情」より「理性」を働かせられるようになること。これは地球に生まれてきた私たちにとってのレッスンなんです。

そして、いつも忘れていただきたくないのが「微笑み《ほほえ》」。つらくて落ち込んでしまったときは、これが一番です。たとえば、エレベーターに乗っていて、相手に「どうぞ」ってスペースを空ける行為ひとつとっても、ちょっと微笑みながら言ってあげるだけで、「あ、この人、いい人だな」って、そういう素晴らしい価値観を相手に与えられるんですよね。たったそれだけのことで、自分にとっても、相手にとっても、世の中がより楽しく、柔らかくなっていくと思いませんか。

だから、なるべく人生に「微笑み」を。家庭でも、職場でも、最初のうちは難しいかもしれないけれど、ちょっと口角をあげて、頬の肉をちょっと上に、目を細めて、最初は作り笑いでもいいんです。そのうち、それが板についてきますから。いつも「微笑み」を絶やさず、「理性」でもって物事を考える。そんな心がけを大切にしたいものだと思います。

人生は人それぞれ、みんな違います。私も、悩み相談にお答えするときは、相談される方の歴史をなるべく推察して、それから答えを出すようにしています。「こういうことがあったんだろう、ああいうことがあったんだろう、だからこうなんだ」というふうに組み合わせて、今度はバラバラにしてみて、そして、また組み合わせて、物事をすべて冷静に、客観視して、相談される方への想像力を働かせてものを言うようにしています。

この本には、自分自身のこと、恋人、親子や夫婦の問題、仕事のお悩みなど、いろんなケースが書いてあります。すべての人が、なんらかの生きるヒントを見いだせるよう、個人の相談に答える形の中に、普遍的なメッセージを込めるよう意識したつもりです。きっと、どなたでも自分自身に置き換えて考えることができるでしょう。

パラパラとめくって、「ああ、これは」とお役に立つところを取捨選択していただき、この本が少しでもあなたの明日を生きる力になることを願っています。

美輪明宏

目次

モヤモヤ相談

第2章　愛するということ

モヤモヤ相談

第3章 家族というもの

モヤモヤ相談

第4章 働くということ

◉ モヤモヤ相談

愛のモヤモヤ相談室

本書はＮＨＫ Ｅテレで放送されている『美輪明宏 愛のモヤモヤ相談室』から厳選して加筆・修正を行い、まとめたものです。文中に登場する年齢等は放送当時のものです。

第1章　生きるということ

必要なのは「悩む」より「考える」こと

Q 先の見えない不安に駆られることがある……

ちっちゃい子供からお年寄りまで、悩みや苦しみのない人間なんて、この世の中にひとりもいないんです。そのときにどう処理していくか。冷静に、客観的に、自分のことを見る習慣をつけると、どうすればいいかということが見えてくるから、意外と暮らしやすくなります。

一番肝心なのは、理性に戻るということ。「悩む」のと「考える」のは違います。悩むというのは、ため息をついて、泣いて、喚《わめ》いて、お酒を飲んでグタグダになって――と、それが悩むってことでしょう。だから、なんにもならないんです。考えるというのは、すーっと自分を離れて、理性で方法論だけを考えるということです。

そういうときは、お星様を見るといいんです。広大無辺の宇宙があって、地球があって、世界があって、国があって、県があって、市があって、町があって、個人の家があってというふうに引いて見て、だんだんと自分の個人的なものへと寄せていく。そうすると本当の問題が見えてくるから、ご活用ください。

自分が選んだのだからやるだけです

Q 人と比べて取り残された気持ちになってしまう……

そんなことじゃ、この世の中、生きていけません。なに負けるものかと、マイナス思考を全部プラス思考に直さないとダメですね。できない人だと思われて、それがなんぼのもんですか。そう思われたって屁でもないじゃありませんか。そうじゃないように努力すればいいんです。周りなんかどうでもよろしい。ゴーイングマイウェイ。自分らしいやり方で一生懸命やればいいってだけの話。

誰かの言葉にありましたよ、「我が道は険しい、されど我が選びたる道なれば」。この道は険しい。デコボコもあるし嵐も来る。だけど、自分が選んだ道なんだから、仕方がないじゃないか、自分が選んだのだからやるだけさ。私も散々悪口を言われて、石を投げられたこともあります。でも自分が選んだ道ですから、ブツブツ言ったってしょうがないじゃないですか。みっともないだけ。みじめになるだけです。

ほかの人達も同じようにコンプレックスを持っているはずなんです。それを悟られないようにしているだけ。みんな、そんな気持ちを持っているんです。

みんな、善人の部分と悪人の部分とを行ったり来たりしているんです

モヤモヤ相談

相談者の悩みは、「人から認められるために本心を隠している」こと。自分の承認欲求や嫉妬心を見透かされないように学校生活を送る。そんな自分は、周りに嘘をついているのではないかと、モヤモヤしています。

相談者　私は、人からの承認を過度に求めすぎてしまう人間で、認められたいとか、褒められたいっていう欲がすごく強くて、自分よりもハイスペックな人を見ると、強い嫉妬心を抱いてしまいます。いつもは、そういう自分の本心を周りに感じさせないように過ごしているんですけど、そんな偽りの自分を演じていることに、だんだんと疲れてきてしまいました。こんな自分を

好きになれなくて。

美　輪　そうじゃない人って珍しいでしょう（笑）。

相談者　自分は人と関わることが好きだから、人に親切にしたり優しくしたりしているとは思ってはいるんですけど、なにか心の奥底でモヤモヤしていて。本当はこれも、人から承認を求めるためだけにやっているんじゃないかと思って、本当の自分を見失っているというか。君はすごいねとか、本当に飾らないよねとか、周りは言ってくださるんですけど、本当は嫉妬心まみれ、欲まみれの汚い人間なのに、そんな自分が周りから信頼されているっていう事実が、客観的に見たら、すごい気持ち悪いことだなと思ってしまって。それで、素の自分を好きになれなくて。みんなが、私のことを信頼してくれているのは、私が性格をつくっているからであって、それは本当の自分ではなくて。そんな自分が周りに好かれているっていうのが嫌というか……。

美　輪　あなた、普通のことで悩んでいらっしゃるんですね。

相談者　そうなんですかねえ。

美輪　みんなそうですよ。この地球上の誰でも持っている神経ですよ。誰もが認められたい。あなたは自分のことを偽善者だと思うんですか？

相談者　はい。

美輪　世の中の人は全員、偽善者ですね。高瀬さんもそうですか？

高瀬　はい……そうですね。きちんとした人間を演じています（笑）。

美輪　背広にネクタイをしているっていうのは、ちゃんとした男に見せたいとお思いでしょう。

高瀬　はい。本当の自分など晒《さら》せるはずがありません。

美輪　完全な人間って、いるとお思いですか？　みんな、善人の部分と悪人の部分とを、行ったり来たりしているんです。そうやって人間は、成長していく。成長過程だから、そのままでいいんです。

あなたはとっても普通なんです。木と同じ。年輪はどうやってできると思います？　1年に一つずつ、どんどん増えていくでしょう。途中にこぶができたり、枝葉が茂ったり、いろんなことがあるけれど、本体はどんどん太っていく、それと同じです。大木になる途中で、泣いたり、嘆いたり、怯《おび》えたり、いろんなことを経験していって、それで思いやりという心ができるんです。

プラスのことだけじゃなく、マイナスのことも経験するっていうのは、人間に必然なんです。不思議でもなんでもない。あなたひとりじゃない。みんなそうなんだから(笑)。

相談者 自分を責めたりしなくてもいいってことですか?

美　輪 責めるのも、ひとつの足がかりにはなりますよ。後になって、責める必要はなかったんだ、いろんな人生経験がないからそうだったんだなあ、とか。いろんな人達を見て、研究してみると、自分がいかに平均的で普通だったかって安心する材料になるんです。

ところで、あなたはなにがお得意ですか?

相談者 音楽がすごく好きです。絵を描いたりも。

美輪　美の世界がお好きなんですか？

相談者　好きですね。昔からなにかを表現したりするのが好きで。

美輪　おかしいですね。どうして前髪で眉毛を隠していらっしゃるんですか？ひさしのある窓からジーッと覗《のぞ》いているような。

相談者　ほんとですか⁉

美輪　眉毛と目は美人の条件なんです。だから眉毛はかならず見せたほうがいいですよ。最近、若い方で、眉毛を隠している人がずいぶんいらして、綺麗な顔をしているのに全部隠していますね。それはおやめになったほうがいい。世の中が半分しか見えないから。
そうすると、考え方がだんだん陰にこもってくるんです。じゃあ、どうすれば明るく見えるかっていうことです。そこに微笑みがあると、もう明るく、楽しくなったなーっていう感じになりますよね。

……

美輪さんは、偉大な画家達の人生を思い起こしてみるの

……はどうかと、提案します。

美輪　話が逸《そ》れましたけれど、美術だったら、いろんな絵描きさんがいるじゃありませんか。ゴッホだとかゴーギャンだとか、ロートレックだとか、ご存じでしょう。

相談者　あんまりピンと来ないかな。レオナルド・ダ・ヴィンチとか、ピカソとか、そのへんですかね、私にとっては。

美輪　それもそう。誰にも負けない自分、自分だけの世界だと思うから、みんな苦しみでいっぱいになって、私生活がおかしくなったり、耳をそぎ落としたり、いろんなことをしたわけじゃありませんか。

相談者　そう考えると確かに、私の悩みも本当にちっぽけだなって感じます。

美輪　大きいとか小さいとかじゃない。もし、そういうことで悩まない人がいたらどうお思いになる？　ラクそうに生きているな、じゃないでしょう。バカみたいだと思うでしょう。泣いたり、嘆いたり、喚いたり、いろんなことを経験して、それで思いやりという心ができるんです。プラスのことだけじゃなく、マイナスのことも経験するっていうことが、人間には必然なんです。

悩み事ができたときに、どうすればいいかといったら、冷静になること。悩むというのは情念、感情的なもの。「あー」ってため息をついて、「どうしよう。どうしよう」ってなるのは、みっともないでしょう。「さて、これはどうしたことだろう。こういう結果になったんだから、自分のこういうところを、もう少し変えてみたらどうだろう」と理性を優先するんです。おわかり？

相談者 なるほど。そうですね、私はいつも感情に振り回されてしまうというか、悲しいって思ったら、すぐどん底に沈んでしまって。確かに、頭で考えるということが全然できてなかったなって、今思いました。

美　輪 感情は、楽しんだり、喜んだり、プラスのことだけに利用すればいいんです。でも、難しいことですよ、冷静になるっていうのは。

じゃあ、どうしたらいいかといったら、いろんな本を読んだりして、いろんな考え方を全部咀嚼《そしゃく》して、食べちゃうの。それで、感情をコントロールできる人間になれば、これは大したもんです。

相談者 すごく心がラクになりました。

美輪 ようございました。じゃあ後は、窓を開けてくださいね。

高瀬 私、本当にボーッと生きてきたので、相談者のモヤモヤが眩《まぶ》しいというか。自分をちょっと離れたところから見ているわけで、それができるっていうのは、ただ感情に流されるだけではありませんよね。自ら考えて、冷静にそれを分析することの第一歩がもうできてるんじゃないかなと思うんです。参りました。

ひとり相撲はおよしなさい。あなたは幸せなんだから

モヤモヤ相談

幼少期からいじめを受け、常に自分のことを二の次にして生きてきた相談者。周囲から「あなた自身のために生きなさい」と言われることにモヤモヤしています。

相談者　私はずっと4人家族でしたが、数年前に父が他界しまして、今は母と妹と3人で暮らしています。父はアフリカの生まれで、日本の暮らしがあまり合わなかったのか、母国に仕事場もあったので、私が生まれてからは4年に1回くらい日本に来るような形をとっていました。母国で自分の村に学校を建てたり、病院を建てたりといったことを生業《なりわい》としていた父を私は尊敬していて、ひとりで働いて娘達を育ててくれた母も同じく尊敬している

んですが。

美輪　お母様はどういうお仕事を？

相談者　母は看護師をしていて、父もアフリカでは同じく看護師をしていました。

美輪　おふたりとも人に尽くす仕事ですね。

相談者　そうですね。それで、私が幼い頃は母が鬱で、家庭内が荒れたというか、全員がいっぱいいっぱいで。母の機嫌をとらないと、怒りの矛先が長女である私に向かってくることが多くて。

美輪　お母様の顔色をうかがうわけですね。

相談者　はい。姉妹ともいまだに母の顔色をうかがわなければ気が済まないような感じです。そういう母と、あまり家庭に関わってこなかった父の下で育っていくうちに、人に頼まれたことはすべて、私がやるよって請け負う性格に育ちました。なにを言われても、ノーと言うことができなくて。

美輪　それは立派なことですよ。なかなかできないことです。思っていてもできませんからね、普通は。人が嫌がることは、やっぱり誰もやりたくない、それが当たり前ですよ。そうじゃなく、じゃあ私がやりますっていうのは、立派です。立派なことをしているのに泣くことないじゃありませんか。誇っていればいいんです。誇りが人をまっすぐ立たせ、心を豊かにしてくれるのです。それで、どうなさったんですか？

相談者　家でも親の顔色をうかがって、機嫌をとって。当時は学校でも容姿のことや、変えられない身体的特徴のことを面と向かって揶揄《やゆ》されたり、学校ではずっといじめを受けてきまして……。

美　輪　それはあなただけじゃなく、小学校でも中学校でも、幼稚園でさえもそういういじめはあるんです。ほかの人だって言われていると思います。悪口が大好きで、悪口を言わないと生きていけない、そういう性根の腐ったような、コンプレックスの塊がいっぱいいるんです。

　私なんかどれだけいじめられてきたことかわかりません。私は気が強いから、逆にその人の欠点を見つけて、言い散らしてやりましたよ。負けちゃいられませんからね。あなたは気が小さいから、なにをされてもやり

相談者　返せなかったんでしょう。

容姿のことをバカにされてすごく嫌な思いをしてきたので、同じように言葉を使って戦うことは選べませんでした。自分をいじめてきた人に同じようなことをしたら、その人も嫌な思いをしてしまうだろうと思って、耐えてきたんですけれども、そういう人間関係でいろいろと悩んで育ちまして。

美　輪　それで、なにをどうしていきたいんですか？

相談者　自分のことを二の次にして、人からのお願いを引き受けたり、相談をたくさん受けたりもしているんですが、友人や恋人から、「もっと自分のために生きてほしい、生きていいんだよ」と言われたり、「本音で話してほしい」っていうことを言われまして……。

美　輪　じゃあ、そうすればいいじゃありませんか。

相談者　今まで自分のことを誰かに相談するとか、自分のやりたいことを優先していくということをあまりしてこなかったので、どこから手をつければいいのかわからずにいます。

美　輪　それは、いちいち考えてそうなることじゃありませんよ。

相談者　なにかをしなければなにかを得ることはできないって、母からずっと言われてきました。

美　輪　なにかを得れば、なにかを失うということもあります。

相談者　はい。なので、母から愛されるには、家のことを全部やったりしないと、こっちを向いてもらえなくなることが多くて。恋人に対しても、相手の無償の愛を疑ってかかってしまっている自分がいます。

自分が得るものは、すべて自分がしたことの見返りだと感じてしまう相談者。そんな自分を、どうしても変えることができないと不安を抱えています。

美　輪　あなたはナイチンゲールをご存じ？

相談者　はい。

美輪　ナイチンゲールを目指したらいいじゃありませんか。なにもかも全部、自分のことは犠牲にして命を張ったし、戦場で兵隊さん達の傷を癒やしたり、命を救ったり走り回ったりしたわけでしょう。素晴らしいじゃありませんか。あなたもどうやらそうやって、いろんな人のために気を遣って生きてきたんだから、ナイチンゲールと同じですよ。立派なことをやったんだから、なにもお泣きになることはないでしょう。
どんなときも人が忘れてはいけないのが、自分への誇り。誇りを持って顔を上げていればいいんです。

相談者　私は、自分を優先して、なにかをしたいと思ったときに、その裏で割を食う人がいるというのを身をもって感じています。だから、どういうことが自分を優先するということなのか、それがわからなくなってしまいました。

美輪　でも、自分のために生きているじゃありませんか。自分のために生きてきたからこそ、なんとかしようと思って、ここへいらしたわけでしょう。

相談者　私の悪いところで、なにかをあげないと、相手が離れていく気がしてしまって。だから恋人に対しても疑ってかかってしまうんです。私はなにもできてないのに、そんなに愛情を注がれても、なにもあげられてないのにって気持ちにどんどんなってしまっています。

美輪

フフフ（笑）、なんでもマイナス思考にしちゃうんですね。それも自分の妄想でしょう。現にあなたには、なにもあげていないのに離れずにいてくれるお友達もいて、恋人までいるなんて贅沢です。恋人がひとりいれば十分ですよ。誰からも愛されていない人って、男でも女でもいますよ。その点、あなたには、選んでくれて、愛してくれる人がいるのですから、素晴らしいことですよ。その愛があれば、１０００万人の敵がいたって怖くないじゃありませんか。

あなたはひとり相撲をとっていらっしゃるんです。そういうバカなことはおやめなさい。エネルギーの損です。世の中には私が私がで、とにかく自分ばかり、人を押しのけてもおいしいものをとろうとしたり、好《い》い目にあおうとしたり、なにか目立つことをやりたい。そういう人は急にみんな離れていって、嫌われていますよ。「お先にどうぞ、私はいいのよ」って、あなたは人のためにいろいろと気を遣って生きてきた、それをみんな大事に思っているから、あなたのそばにいるんです。素敵じゃありませんか。

相談者　私は自分を優先してるつもりでいるんですけど、まだやれてないのかなと。

美輪　まだやれていないって、あなた、おいくつですか？

相談者　26歳です。

美輪　26歳で、やれたら奇跡ですよ。50になっても60になっても、なかなか人生は未完成なものなんです。あなたは、普通で当たり前のことで悩む癖があるわね。そういうバカげたことはおやめなさい。

……………………

自分を優先する生き方のヒントとして、美輪さんは、自分の好きなことに打ち込んでみるのはどうかと投げかけます。

美　輪　これからもっと幸せになるように、文化活動をやってください。絵を描くとか、歌をうたうとか、素敵だな、やってみたいなと思うことはなにかありません？

相談者　本が好きなので小説を書いたり、音楽のライブに行ったりしています。

美　輪　素敵ですね。楽器はなにかおやりなの？

相談者　小学生の頃は琴を3年間やっていまして、中学から高校では吹奏楽部でバスクラリネットを吹いていました。

美　輪　そういう素晴らしい方向があったにもかかわらず、もう捨てたんですか？それはもったいないですね。続ける気はないんですか？

相談者　続けたいなと思って。

美　輪　やったらいいじゃありませんか。やろうと思えばできるでしょう。そのときの仲間はどうです？

相談者　友人が反対してくるということはないんですけど、私がなにか自分のことをしようとすると、母が……。

美輪 やきもちを焼いて邪魔するわけですね。そんなのは屁みたいなもんです。気にすることはない。お友達が、自分のやりたいことをやりなさいって言うのは、それなんです。自分がやりたい音楽をやっていたわけですよね。人のためじゃなく、自分のためにやりたかったんだから、それをやりなさいよ。やっている間は幸せでしょう。歌のほうはダメなんですか？

相談者 歌うのも好きです。

美輪 じゃあ、そっちのほうでひとかどのスターになればいいじゃないですか。今度から、お母さんの顔色をうかがったり、言うことは聞くんじゃありません。私の言うことを聞いていれば、よろしい。どうです？　やりますか？

相談者 やります。

美輪 絶対に約束ですよ。もうお母さんはいいんです。子供じゃないんだから。お母さんには、自分の人生を歩んでもらえればいい。あなたの人生にまで関わってくることはありません。お友達から、自分のために生きるんだよって言われた意味がわかったでしょう。

相談者　友達がいて、恋人がいて、人を優先することができる。そういうことを誇りに思いなさいと言ってもらえたことで、ずっと暗闇の中、足のつかないところを浮遊していたのが、やっと地面に足がついたような気持ちです。

美　輪　自分が本当は幸せな人間なんだということがよくわかったでしょう。うらやましい人生だって思う人もいっぱいいると思いますよ。

これからもっと幸せになるように、文化活動をやってください。歌って踊って、いろんなメッセージを発したりね。考えただけでも素敵じゃありませんか。そういう仲間を探して活躍してください。そのときこそ自分が、恵まれた立場に生まれた人間だと感じられると思いますよ。

今まで何万人という、本当に不幸せな人をたくさん見てきましたけれど、あなたは自分の幸せに気がつかない贅沢な人ですね。自分の幸せを振り返って、味わう。そういうことをやってごらんなさい。どれだけ自分が幸せかがわかりますよ。頑張ってください。

理性の目で全体を眺めれば
おのずと人生の答えが出てくる
泣いたり、喚いたりする必要はない

バカにしているほうがよっぽど野暮

Q
生まれつきの天然パーマがコンプレックス。心ない言葉に傷つくたびに彼氏は慰めてくれるけれど……

彼氏がいるだけで十分じゃないですか。1000万の敵よりも、たったひとりの愛のある味方がいれば、それだけで十分。なにを言われたってどうってことないですよ。

生まれつきのものなら、それを生かせばいいんです。最近は中年から老年の方まで、髪をいろんな色に染めたり、モダンな洋服を着たりなさっているでしょう。そういうふうに流行のファッションにして、髪も少し赤みがかかった色とか、私みたいにまっ黄色とか、大胆にチェンジしてみたらどうです？

そうすると、若い人達から「カッケー」なんて言われますよ。バカにされません。バカにしているほうがよっぽど野暮に見えるんだから。「あなたこそなによ。みっともない」って言ってやればいいんです。悪口を言っている連中がかえって流行遅れ、野暮に見えるということ。「あなたこそ、ずいぶん古くさい格好をしているわね」って言い返してやればいいんです。

「君子危うきに近寄らず」が大事なたしなみ

Q 長身で容姿を褒められることがある一方、やっかみを受けることも多くてつらい……

「高木《こうぼく》は風に折らる」という言葉があります。私がよく申しますように、「正負の法則」です。マイナスとプラス、陰と陽、裏と表という相反する2つのもので地球は成り立っているのです。なにかを得れば、なにかを失う。いいことがあると、面白くないことも起きます。苦があれば、楽もあります。美人に生まれついた、それは正ですよね。でも、そのことでやっぱり妬み嫉《そね》みが出てくるんです。だけど、いじめてくる人がいるかと思うと、可愛がってくれて褒めそやしてくれる人も、またいます。そちらのほうに気持ちを向けたほうが、楽しいし有益です。

だいたい悪口を言う人間は、コンプレックスの塊なんです。劣等感がなく、悠然としている人は、人の悪口を言いません。人の悪口を言う人は、ろくな人間ではないんです。真っ暗《くら》けの人生を歩んでいるのですから、とばっちりを受けないように、当たらず障らず、近寄らないようにしましょう。

目に見えるものなんて見なさんな

モヤモヤ相談

相談者の悩みは、「自分の容姿が気に入らない」こと。学生の頃から、ひたすら見た目にこだわり続けてきましたが、いまだに納得がいかず、モヤモヤしています。

相談者　私は学生のときから、自分の見た目をずっと気にして生きてきました。鏡で見る自分の顔や体を醜いと思ってしまうし、外に出るのが嫌だとか、人に会うのが嫌だと思って、一日中ふさぎ込んでしまうこともあります。見た目さえ良ければ、人生はすべてうまくいくと感じています。

美輪　そんなことはございません。あなたは「美人は幸せ」と勘違いしていらっしゃる。人の表面だけを見て、劣等感を持つ。そういう負の思いは顔や振る舞いに出てきて、人を醜くしてしまいます。綺麗とか汚いとかって造形的な問題でしょう。それよりも、魅力があるかどうかですよ。
長い話になりますけれど、私は長崎の「丸山遊郭」と呼ばれた花街で育ったんです。そこに遊女屋さんがありまして、綺麗な女の人がたくさんいるんです。戦争前のことですから、女はとにかく役に立たないというふうに言われて、田舎から売られてきた人もいたりね。
そこに、いつもただニコニコしている女の子がいたんです、造形的に見るとちっとも美しくないし、むしろ醜女《しこめ》のほうに入るくらいの器量なんです。だけどその子は、ずば抜けて売れちゃうんです。女将《おかみ》さんが男の人に「綺麗な子がたくさんいるのに、どうしてあの子ばかりご指名になるんですか」って聞いたら、「あの子に相手してもらっていると、疲れが吹っ飛ぶし、ほっとするんだよ」って言うんです。だから、微笑みっていうのは、この世ですべてを許される素晴らしい技術なんだなと思ったんですね。

相談者　でも、本とかでも……。

美　輪　どんな本を読んでいるんですか？　世の中の人は美人をうらやましがるけ

れど、美人でもだまされて捨てられたり、浮気されたり、家庭にも男にも恵まれなかった人もいます。絶世の美女といわれたクレオパトラも楊貴妃も小野小町もろくな死に方をしていません。クレオパトラは毒蛇に自らの肌をかませて自殺したし、楊貴妃は絞め殺されて変死です。小野小町は行方不明でのたれ死にとも言われていますよ。あなたは勉強不足。もったいないですよ。怠け者めが！

相談者

中学くらいまでは気にしていなかったんですけど、高校で地元の市外に出て、今まで見たことのない可愛い子だったりスタイルがいい子だったりを見始めて、なんて自分は田舎者で、ダサいんだっていうふうに思ってしまって。とにかくその子達に近づくためには、まずは痩せなきゃいけないと思って、ダイエットしたら、周りが掌《てのひら》を返したように「痩せているほうが可愛いよ」とか、痩せたことによって友達がすごく増えて、生まれて初めてチヤホヤされたというか、男の子達から声をかけられたりして、嬉しかったんですね。でも、それで逆に、女の子達から……。

美輪　やきもちを焼かれた。

相談者　「あいつ嫌だ」みたいな感じになっちゃって、上履きを隠されたり、授業中に後ろからヤジを飛ばされたり、そういうので学校に行けなくなっちゃって、それで高校を中退したんです。

高校を中退した相談者は、「美」の道を追求するため、専門学校に進学。新しい美容の知識を得ては、次から次へと試し、見た目を磨く生活はエスカレートしていきました。

高瀬　これまでに自分自身に1000万円を超える投資をなさったそうですね。

相談者　働いて得たお金をすべて投資するっていう感じで、全然お金がなかったんですけれど、あればあるだけ美容に費やしちゃうというか。

美輪　高くついたわけですね。

相談者　怖かったんです、醜い自分になってしまうのが。テレビを見てると、モデルさんとか女優さんはみんな細いし綺麗だし。東京に出てきて、東京の人って本当にスタイルが良くて、美人が多いなって思って。

美輪　あなた、十把一絡《じっぱひとから》げになりたいんですか？　そういうのがいいっていう人もいるかもしれないけれど、みんな同じような体形で、個性がないですよ。どうして「同じでなきゃいけない」という考え方をするんでしょう。

高瀬　こうなりたいっていう理想があるんですか？

相談者　綾瀬はるかさんのような人、カッコいいなと思っています。

美輪　あの人はあの人です。綾瀬はるかばかりいっぱいいたら、どうします。バラがあって、タンポポがあって、菊もあればスミレもある。百花繚乱。だから世の中は楽しいんです。

ところであなたは、結婚していらっしゃるの？

相談者　はい……。

美輪　じゃあ、それが証明になるじゃありませんか。そのままのあなたを愛してくれたわけでしょう。

相談者　主人はなにも言わないんですけれど、申し訳ないなって思ってしまうんです。

見た目へのコンプレックスから外に出られない日もあったという相談者。すべてを理解してくれた夫からプロポーズされて結婚を決意し、子供も授かりました。それでも、子供を産むことには葛藤があったと言います。

相談者　私は、本当は子供が欲しくなくて、自分のＤＮＡを残したくなかったんです。妊娠中もずっと「私に似たらどうしよう」と思っていて。でも、自分の両親に孫を見せてあげたかったし、主人をパパにしてあげたかった。だけど、妊娠して出産したら、やっぱり体形も崩れるし……。

美　輪　ご主人は「なんとも思ってない」っておっしゃらない？

相談者　「なんとも思ってない」って言います。

美　輪　そうでしょう。その一言がダイヤモンドですよ。素晴らしい。この世の一番の宝を見つけたんです。Mr.ダイヤモンドですよ。

あなたをいじめた連中で、あなたくらい幸せな家庭を持っている人が何人いると思いますか。そんなやきもち半分、嫉妬半分で、ガチャガチャ言ってた学校時代の一部の連中を、その一言で蹴飛ばしたわけですよ。「私のこのままの、まんまの姿を、愛してくれている人がいる、お前達にはいないだろう」って言えるじゃありませんか。

相談者　でも、SNSとかを見ると、みんな幸せそうだなって。綺麗な家に住んでいるし、いつもどこかに出かけているし、ブランドものを買ってもらえるし。

美　輪　みんな自慢したいんです、いいところだけ。マイナスだと思っていることをSNSに投稿すると思いますか。上っ面だけ見て判断するのは早計です。自分が幸せだということをありがたいと思う、感謝の気持ちがどこにもないんですね。

相談者　感謝できていないですね。

美　輪　子供さんに対する愛もおありでしょう。旦那さんに対する愛もおありでしょう。愛に満ちているじゃありませんか。人は、金銭的に苦しくなっても、その愛があれば本当に救われるんです。どんなことがあっても、愛があれば。

百万長者でも億万長者でも、愛がない人っていうのが、最も不幸な人なんです。あなたはその逆なんだから、大金持ちじゃないですか。幸せですよ。

高　瀬　愛の億万長者でいらっしゃいます。

相談者　ありがとうございます。

高　瀬　ご自身でも見た目だけじゃダメなんだってことは、もう気づいていらっしゃいますよね。

相談者　若いときは見た目だけで突っ走っていた部分はあるんですけれど、やっぱり子供が大きくなるにつれて、それだけじゃ、お母さんとしてダメだなって。

美輪　お母さんとして一番必要なのは微笑み。じっと我が子を見守る目が、慈愛にあふれていて、しみじみその愛が伝わるような、愛情の深い眼差しというのが、子供にとって一番の宝物。綺麗とか汚いとか、そんな問題じゃないの。頑張ってくださいね。楽しみにしています。

あしたを生きるあなたへ

微笑みはこの世の通行手形

心が叙情的なものを必要としている

Q 会社を経営し経済的には裕福になったものの、かつての友人とは疎遠になり、幸せを感じられない……

世間話をするくらいのお友達は、収入のレベルが違ってくると話が合わなくなるものです。だから、離れるように自然となってきたんでしょうね。昔のあなたは経済的に逼迫《ひっぱく》してらしたのでしょう。それは山の裾野のほうなんです。木がいっぱいで、緑がふさふさとして。じゃあ、上に行けばどうなります？　林も森もなくなりますね。てっぺんに行けば岩山だけでなんにもないでしょう。経営者になるというのはそういうことなんです。この世の中はなにかを得ればなにかを失う。なにかを失えばなにかを得られる。豊かになって不足がなくなったら、怖いことが待ち伏せしているんです。

あなたは今、心が休まる叙情的なもの、心を癒やし麗しく保つものを必要とする時期に来ているんじゃないでしょうか。素晴らしい文化を味わう、美しい言葉の世界に身を置く。そうした趣味のほうで話が合う人を開拓してみたらどうです。なにかが芽生えるかもしれないですよ。

無理して深く付き合う必要なんてありません

Q 結婚してスーパーセレブになった親友の自慢話に辟易《へきえき》。もう親友ではないんじゃないか……

もともと親友じゃないんです。あちらも、こちらも。お互いに労《いたわ》りの心がないんです。向こうは嬉しがっていらっしゃるわけでしょう。それなら先の先まで思いやって、「よかったわね。でも、上品な人はあまりそういうことをよそに向かって言わないものよ。気をつけたほうがいいわね」って言ってあげるのが親友でしょう。それが、「自慢話ばかりして、嫌だな」と思うのは、親友を裏切っているということです。

向こうも同じ。労りの心がなくて、うらやましがらせてやろうっていう気持ちもどこかにあるわけです。だからあなた達は親友じゃないの。ただのお知り合いっていうだけです。なにも悩むことないじゃない。離れたければさっさと離れちゃいなさい。

これでおしまいにしましょう

Q テスト直前になるといつも、「ノートを見せてほしい」と言ってくる同級生が憎らしくなる……

これは一言で済みます。「あなたのためにならないから」。嫌だっていう言い方をするよりも、「写させるのは簡単だけれど、あなたの実力がつかないし、人から見られたら恥ずかしいでしょう。あなたにそういう恥ずかしいことはさせたくないから。だから自分で考えたり、ほかの人のところに行ってください。あたしは、そういうタメにならないことは、したくありませんから」と言えばおしまいです。あなたのためって言われたら、それでもいいからなんて言えないですよ。

それにもかかわらず頼んでくる人とは絶縁して結構。人のふんどしで相撲をとる人なんて、これから先、付き合っていてもろくなことはないですよ。もともと卑しい発想があるんですから。

宇宙的な目で見ると、いろんなことがわかってくる

モヤモヤ相談

相談者の悩みは、「優しい人ほど損をするという考え方が変えられない」こと。力にものを言わせる人になったほうが楽しく生きられるのではないかと、モヤモヤしています。

相談者　私は、人に気を遣う優しい人よりも、力や権力を使って自分の思い通りに人を動かしている人のほうが得をしているような気がします。

美　輪　権力？

相談者　学校でも、声が大きくて、力がある人のほうが楽しそうに感じてしまって、理不尽だとしても、自分も得をする側の人になったほうがいいんじゃないかと考えてしまうことがあります。こういう考え方は本当によくないと思うし、直したいのですが、変えることができずにいます。

美輪　あなたは成績はどれぐらいなの？　上のほう？　中のほう？　下のほう？

相談者　勉強は好きで、たぶん、中の上だと思います。

美輪　じゃあいいじゃない、それだけで。かならず妬まれますけどね。

相談者　受け流したり気にしない人になりたいって思うんですけど、私に嫌がらせをしてきた人達は学校の先生に信頼されて、お気に入りになっていることも多かったです。嫌がらせを受けていることを先生に相談したんですけど、「○○さんがやるはずがない」みたいに言われて、なにもないことになって終わっちゃって。

美輪　あなたは私の本を読んだことがありますか？

相談者　何冊かは読んだことがあります。

美輪　どういうことが書いてありました？　印象に残ったのは。

相談者　なにか悪く言われても、受け流してしまえばいいみたいなことを書いていたのが、すごい印象に残っています。

美輪　そう、悪口を言われたら、柳に風と受け流せ。

相談者　はい、それです。

美　輪　その受け流された悪い念は逆戻りして、相手がひどい目に遭うということを書いていますよ。『ああ正負の法則』っていう本は読みましたか？

相談者　読んだことがないです。

美　輪　プラスがあれば、それに匹敵するマイナスがあるんです。あなたをいじめた人のマイナスの念は、その人にちゃんと逆戻りするようになっています。

相談者　私もそう思いたいんですけど……。

いじめをする人たちのほうが、楽しく学校生活を送っている。相談者は、力にものを言わせる人が得をするのは、大人の世界でも同じことだと言います。

高　瀬　もう一つ、先生についても、これまでにおかしいなと思うことがあったと伺っていますが。

相談者 はい。小学生のときに、隣のクラスの担任の先生がすごく優しくて、大好きだったんですけど、クラスのヤンチャな男の子達が、その先生に反抗して。それで先生が精神的に疲れてしまって、学校を辞めることになったんです。理不尽なことで怒鳴ったりする先生は、それによって好きにできて、クラスもまとまっているので、優しい先生よりも怒鳴っている先生のほうが幸せそうに見えて。これっておかしいんじゃないかって思ってしまうんです。

美　輪 でも、怒鳴っている先生は、怖がられているから、みんなおとなしく言うことを聞いているだけ。権力を誇示して、黙らせようというのは、一番簡単な方法ですよ。それじゃあ、子供は本当に心から尊敬していると言えないでしょう。あなたもそう思っているでしょう?

相談者 でも、そうやって力で治めようとしている人って、自分が尊敬されているかとか、気にしていないんじゃないかって思います。

美　輪 そういう、悪いことばかりを見るのはよしなさい。権力を持ちすぎた人はみんな滅びていますよ。まずそれを勉強してごらんなさい。
悪いことをやっていても、権力があればどうにかなる。そっちのほうが勝ちだというふうに思わないほうがいいですよ。あなたも、尊敬されたいのだったら、権力でもって人をねじ伏せたほうがいいんじゃないかという考えはおやめなさい。

高瀬　美輪さんはこれまで、上から抑えつけてくる人だとか、他人の妬みとか、かなり経験なさっていると思いますが、それに対しては、若い頃からどのように対処してこられましたか？

美輪　この人はどういう人間かという、人の本性や、魂を見るようにしてきましたね。いじめる人はだいたい、コンプレックスの塊なんです。それをなんとかチャラにしようと思って、悪意でもって人をけなして、自らの劣等感に蓋をして安心したい、自分のほうが上だと思わせたいという、あさましい気持ちがある。そのことがすぐわかったから、だから平気だった。
私のことを「変態だ」とか「気持ち悪い」とか、「女みたいだ」とかいろんなこと言いましたね。「じゃあ、あんたになにがあるの？　なんにもないじゃないの！」って言ってやりましたよ。

目の前の理不尽な出来事に囚われてしまう相談者に、美輪さんは、少し視野を広げて物事を見てはどうかと説きます。

美輪　世界中の出来事を宇宙的な目で見るようにすると、いろんなことがわかってくるの。

　暴力だとか権力だとかが、ものを言うわけじゃない。権力で人に言うことを聞かせようというのは、下の下。優しさで人に言うことを聞かせようとするのが上等なんです。わかります？

相談者　今まで私に嫌がらせとか悪口を言ってくる人がとても強い人に見えていて怖かったんですけど、力で抑えようとする人は下の下だって言ってもらえて、気持ちがすごいラクになってきました。

美　輪　そういうのは気の毒な人なんです。若いうちは可能性の塊ですよ。人の少しばかり良いところを見て、うらやましがる必要はないから、妬まないし、嫉まない。私は私、人は人、そういう確固たる思いが持てるから。あなたもそうなってください。

優しい人っていうのは、いじめの標的になるんです。だから、標的になっても揺るがないこと。私は優しい人だから強いのよっていう両方を持ってね。大丈夫。これからが勉強の始まりです。あなたが私に代わって、誰かにアドバイスできるようになる。その日を楽しみにしてますよ。裏切らないでくださいね。

相談者　わかりました、へへ(笑)。

美　輪　その笑顔が出ればもう大丈夫。さあ、おっしゃって、「やるぞ!」って、はい。どうぞ。

相談者　やるぞぉ。

美輪　もっと気合いを入れて！　やるぞッ！

相談者　やるぞ！

美輪　結構です。それを何度も繰り返したことを覚えておいて。めげそうになったらそう言うんです、自分で。

人が規範とするべきものは
常識ではなく
時代を超越した
永久不変の真理です

目に見えているものだけを基準にして人間を見ない

Q 周りから「変わり者」と言われることが多く、人と違っていることに自信が持てない……

人と違ってなにが悪いのでしょう? みんな同じであることがまともだと思う、それこそがおかしいのです。私の人生は常に闘いの連続でした。「男女の性別なんて関係ない」ということで有名になると、「女の腐ったのみたいだ」とか、いろいろと非難されてきました。そう言われたら自分を責めて、落ち込みますよね。でも、私は「じゃあ、あんたはなんなの。どんな才能があるの? いくら稼いでんの? なにものでもないくせに!」という返す言葉を持っていたので、決してひるみませんでしたよ。人間は、一人ひとりが違っていて当たり前でしょう。「変わっていて当たり前」だと思う。そういう基本を頭の中に入れておけば、少々のことでたじろがずに済むんです。

私は、目の前にいる人の容姿・容貌、年齢、性別、国籍、持っているもの、そういったものは一切見ません。その人の心、つまり魂が綺麗か、綺麗でないか、それだけを見るようにしていればいいんです。心や品性こそが重要なのですから。

孤独なのはあなたひとりではない

Q 一緒にどこかに行ってくれる人も、愚痴を話せる人もいない。親友と呼べる人がいない……

今の世の中、こういう人ばっかかり。みんな、寄りかかれる人を探し求めている。「孤独病」です。愚痴を聞いて慰めてくれる、悩みを掃除機のように吸い取ってくれる、そんな都合のいい相手を求めているだけなのです。だけど、自分に寄りかかられるのは嫌。重いの。お互いにそういう人なんだから、そりゃうまくいきっこないですよ。

そもそも親友と呼べる人は、一生にひとりかふたり現れればいいほうです。間違っても、無理に友達をたくさんつくろうとしないこと。友達が多ければ多いほど、もめ事や悩み事も人数分だけ増えるものです。友達がいなければ、孤独で寂しく感じることはあるかもしれませんが、余計なゴタゴタに巻き込まれることも、裏切られることもありませんし、逆にこちらも裏切る罪を犯さなくて済むのです。どちらをとるかであって、親友がいないから自分はダメだということではありません。

全部、悪く、悪く、悪く、考える
そういう癖はおよしなさい

モヤモヤ相談

相談者の悩みは、「人付き合いが苦手なこと」。いつも人の顔色をうかがってばかりでなかなか素直になれない自分に、モヤモヤしています。

相談者 私は専門学校に通っている学生です。一緒に遊んだり、なんでも相談できる友達が欲しいのですが、人付き合いが苦手です。ウジウジして周りからナメられちゃうのも嫌で、自信があるように振る舞っているんですが、本当はいつも人の顔色をうかがってばかりです。どうすればいいでしょうか。

美輪 きっかけは?

相談者 今までは1年生、2年生と、前から仲が良い子と同じクラスだったんですが、3年生になってみんなと離れて、急にひとりになっちゃって。でも、新しいクラスにはもう輪ができてるみたいな感じで。そこで静かにしているのもあれかなと思って、いろいろ発言したり、積極的に動いていたら、友達がいないけどすごい積極的な、よくわからない不思議な人みたいな感じになって、周りから気を遣われるようになってしまいました。

美輪　いいじゃないですか。気を遣われなくなったらどうなります？　無視ですよ。いない人と同じように。全然存在を認められないの。どっちがいいですか？

相談者　無視は嫌ですね。

美輪　気を遣わせているにしても、自分の存在は認められているわけでしょう。結構なことなのに、あなたは逆にとってしまって悩みのタネを作り上げちゃったわけですね。あなたのことを神秘的で、特別な存在だってうらやましがっている人もいるかもしれませんよ。個性的で、素敵だなって思っている人だっていたと思いますよ。みっともないでしょう、十把一絡げなんて。全然個性がなくて有象無象《うぞうむぞう》。それこそプライドが傷つくでしょう。

相談者　そうかもしれません……。

美　輪　『モナ・リザ』の絵が１００枚ありますか？　ミケランジェロの彫刻がそこらへんにいっぱいありますか？　コピーはありますよ。でも、本物はないんです。人間も物も、希少価値っていうのは、やっぱり美術品になれるんです。私なんかそれで来たんですもの。

相談者　カッコいいですよね（笑）。

美　輪　気がつかないうちに、あなたは自然とそれを選んでいるんです。

相談者　自分から選んでいるところはあるかもしれないんですけれど、誰もいないとちょっと寂しく思っちゃう。本当にひとりは嫌だなっていうか。

美　輪　みんなと同じで、それで満足ですか？

相談者　じゃないですね。

美　輪　そうでしょう。どこにでもいる存在にはなりたくない、私は違うのよって、カッコいいんです。野に咲く花でも、一輪しか咲かない花っていうのがあるそうなんですけれど、そのほうが神秘的で、ロマンティックで、素敵でしょう。だからそういうものと同じだとお思いになればいい。
謙虚であることは大事なことですけれど、謙虚であってもプライドは持っている、それがカッコいい人間ということです。

相談者　素敵ですね。自分は違うんだっていうふうに、芯を持って生きられたら。

美輪　だから自信を持って生きていけばいいんです。それを逆に解釈しちゃった。素晴らしいことを、そうじゃないというふうに。異色で、周囲から浮き上がっていることを、悪くとってしまったんでしょう。解釈を間違えていたの。今日からその解釈を正しなさい。

相談者は学校を卒業し、就職することが決まっています。しかし、このままでは職場でも、うまく周りに馴染めないのではないかと不安を感じています。

高瀬　自分が持っているモヤモヤを誰かに打ち明けたり、相談する機会ってあまりないものですか？

相談者　人に相談しないほうなので、夜中になるとウワーッてなって、フォロワーがまったくいないアカウントで、バーッて投稿して、朝それを見て、「気持ち悪っ」って思って消すみたいなことを繰り返してます。

美輪　それはいいこともあるけれど、危ないこともありますからね。

高瀬　どんな友達がいたら、いいなと思いますか？

相談者　趣味だったり、食の好みが同じだといいですね。

高瀬　ちなみにご趣味は？

相談者　趣味はドラマを見たり。

高瀬　食事の好みは？

相談者　ちょっと変わっていて、ホルモンとか。

高瀬　いいじゃないですか！（笑）

相談者　口が臭くなるような食べ物が好きなんですけれど、同年代の女の子はやっぱりSNS映えするのが好きな子が多くて。

高瀬　スイーツとかね。

相談者　そうなんです、一緒に行ってくれる子がいなくて。

高瀬　スイーツよりホルモンなんですね。ホルモンが好きな友達が欲しい。

美輪　食の好みはそれぞれですよ。みんな同じだったら、気持ち悪いでしょう。どうして全部同じじゃなきゃいけないんです。

相談者　共感し合えるような子が、ちょっと欲しいかな。

美輪　同じ価値観ってなかなかないんです。みんなとどこか同じで、共感し合うことに喜びを感じるって、そりゃいいことなんだけれども、それぱっかりがいいわけじゃないんですから。

　人間の生活っていうのは、あらゆるパターンの、信じられないぐらい変わったいろんな事物・事象があるんです。だからそういうものだとお思いになればいい。あなただって、ホルモンが好きというだけじゃないでしょう。

相談者　そうですね。

美　輪　いろんな面がおありでしょう。人間のいろんな部分をたくさん持っているでしょう。だったら、なにかひとつにこだわるほうがおかしい。だからこれからです、本当に。若いうちは人生経験がないから、なんでもないことでも全部悩んじゃう。10歳のときはどうでしたか。

相談者　どうでしたかね。

美　輪　15歳の頃はなにかありましたか？

相談者　勉強ができなくて悩んでいましたね。

美　輪　それはもうなくなったんですね。

相談者　そうですね。今となっては、勉強ができなくて毎日部活が大変で、っていうのはいい思い出です。

美　輪　それは、あなただけの悩みだと思いますか。同じ学級の生徒でも同じ悩みを抱えていたと思いませんか？　みんな同じなんです。勉強ができないとか、友達ができないとか、それぞれが同じ思いを抱えているの。それが人生なんです。

一つひとつ、一年一年、いろんなことが付加されていって、それで結論を出して、人間ができあがっていくんですから。後で考えると、なんだ、一過性にすぎなかったんだって思うんです。今はその途中ですよ。楽しめばいいんです、それなりに。

相談者　春から社会人になるんですが、職場でも人の顔色をうかがうようになってしまうんじゃないかと不安です。

美　輪　妄想狂ですね。春から社会人になった人がこれまでに何人いると思います？　それぞれいろんな家庭の事情や、肉体的、精神的な事情、みんな違うものを抱えて出発するわけでしょう。
　自信がある人って、そんなにいるとお思いになります？　当たって砕けろですよ。その中からなにかを得られるんですから。

相談者　そうですね。

美　輪　なにに自信がないんですか？

相談者　私がこういうことを言うと、相手がどう思うかなって考えてしまったり、極度に気にしちゃう部分があるみたいで。

美輪　それは社交的には正攻法ですよ。人がどう思うかかまわないでポンポンと物を言いっぱなしだったら大変です。こう言ったら相手がどう思うか、それは社交術というもので、当たり前なんです。当たり前のことで、悩んでいるの。

自分を捨てても、相手のためだけにっていうのは素敵なことですよ。そのうちにそういう自己犠牲を払っても平気っていう愛を知ると、人生、捨てたもんじゃないですよ。

まだまだこれからです。とにかく常に理性的であること。感情に負けないこと。そう焦ることはないですよ。今日、わかったことはなに?

相談者　自分に自信を持ってこのままでいいっていうことと、焦るな、焦りすぎるな、まだ人生は長いぞ。

美輪　そう。結論はまだまだ先の話ですね。いろんなことを経験して、いっぱい積み重ねて、それでやっと結果が出る頃にはもう、50過ぎになってます。

それまではみんな手探り。ああでもない、こうでもない。家庭のことだとか世間のことだとか、もうびっくりするように次から次にいろんなことが襲ってきます。それで結論を出すようになって、「なるほど」とわかったときにはもう年をとっている。それが充実した年のとり方です。いろんなことがあったけれど、いい人生を生きてきた。そういうふうになるんです。そうすると絶対に後悔しませんから。

大丈夫、いい人生を歩めると思います。

一番の特効薬は、心のこもった手紙です

モヤモヤ相談

相談者の悩みは、「思っていることをはっきりと相手に伝えられない」こと。その原因は、14年前の出来事。学生時代からの親友を深く傷つけてしまったそうです。

相談者　私は自分の意見を相手にきちんと伝えることができません。たとえば、仕事で自分に原因がないことで注意を受けて、「それはこういう理由があります」って言いたいのに、「すみません」と言ってしまうんです。それでもいいやって思ってきたんですけれど、それだと仕事に支障が出たりもしますし。友達と話しているときでさえ、その人の背景を知らないで話してしまうと、相手は傷つかないだろうかって考えてしまって。

美　輪　その感覚が邪魔をしているんです。それで傷つけたことが今までにおあり

なんですか？

相談者 14年前に仲の良かった親友をとても深く傷つけました。そのときから……。

美輪 どんなひどいことをしちゃったんですか？

相談者 そのとき、私は流産をしまして、その人に「どうして自分の気持ちをわかってくれないんだ。それはあなたに原因がある」というようなことを言って、弱い自分をその人のせいにしてしまっていました。

美輪 その親友は、女の方？

相談者 男の人です。

美輪 恋人ではなかったんですね。

相談者 はい。学生時代に数か月だけ付き合ったことがありましたが、その後は別れて長く親友でいました。

美輪 お付き合いして、いい思い出をお持ちなんですね。

相談者 私が家庭に居場所がなくて、彼も家庭に居場所がなくて、それでお互いに。

美輪 孤独同士。

相談者　そうですね。居場所をつくってくれる人でした。それなのに私は、その流産をきっかけに、それまでは仲の良い親友だったんですけれど、もう自分のことで頭がいっぱいになってしまって。

美輪　なんて言ったんですか。言葉を覚えていますか？

相談者　私が落ち込んでいるときに、向こうはなんて言葉をかけたらいいかわからないなりに考えて言ってくれているのに、「そういうことじゃない。あなたは全然わかってない。なんでそうやって、なんにも考えられないの」みたいな、人格を否定するようなことを言っていました。

美輪　それは人格を否定するというより、ただの口喧嘩ですよ。

相談者　そうですかね。でも、その結果、私は彼を蹴ったりとか、彼の家に行ったときに、「どうしてわかってくれないの」って机のものをバーッと……。

美輪　暴力ですね。それはちょっとひどい。

相談者　ひどかったです。そういうこともありまして、それで彼が「もう支えられない」と言って音信不通になりました。

美　輪　そうなるでしょうね。当然でしょう。

相談者　本当にそのとおりです。それが14年前なんですけれども、それから私は、もうこの生き方はやめようと思いまして、悪口や愚痴、ネガティブなことは全部口にするのをやめようって誓いました。

美　輪　よかったじゃないですか。悪いところを全部是正させてくれたんでしょう。ありがたいじゃないですか。

相談者　ありがたいです。それからはポジティブに、周りのみんなに少しでも幸せな気持ちで生きてもらえるお手伝いができたらっていう気持ちで、ガラッと変わって、もう絶対に同じことを繰り返さないと思ってなんとか生きてきました。

周りの人を思いやれるよう、自分を変えていったという相談者。その一方で、自分の考えを人に伝えることができなくなってしまったと言います。

相談者　その先にですね、ここはちゃんと言わないといけないっていうときでも、そうすると空気が悪くなるんじゃないかと思って言えなかったり、自分勝手な意見じゃないかって飲み込んでしまうことが多くなりました。

美輪　それでいいんです。他人の言葉にいちいち口を挟んだりするのは、うるさいだけ、失礼ですよ。

他人は他人です。言っちゃいけないことは言わない。昔はそういうもんだったんです。他人様《ひと》のことに対して決して口を挟んではいけないっていうふうにしつけられたものです。戦後、だんだんとけじめがなくなって、そうではなくなりましたけど。そのけじめがなくなったのが、まさにあなただった。それが、彼のおかげでけじめを教わって当たり前になったんです。

高瀬　それまでは結構、ズバズバ言っていたんですか?

相談者　そうですね。自分の気持ちをどれだけ正直に言えるかが大切っていう、今思うと自分の気持ちしか見ていないような話し方をしていました。

美輪　ライオンですよ。強くて野生的だったの。

相談者　本当ですね、恥ずかしいです。

高瀬　傷つけた親友に、謝ったり手紙を書いたりというのはなさったんですか？

相談者　いえ、もう音信不通なので、なにもできていないです。でも、もし会う機会があったら、「ごめんね」って言いたいし、その人に「これだけ変われた」って少しでも言えたらいいなと思って生きています。

美輪　それで、住所を調べるとか、お手紙を出す工夫はしましたか？

相談者　私が傷つけて相手が去っていったのに、私から連絡するのは違うと思っていまして。とても嫌な気持ちになっているかもしれないので、私から連絡をとるつもりはありません。

美輪　常識的に、こっちから何度も頭を下げて謝るっていうのが普通でしょう。

相談者　いいんですかね。

美輪　当たり前ですよ、贖罪《しょくざい》の意味で。電話じゃ失礼です。綺麗な封書で、ちゃんと自分の字で上手に書いてね。文字は自信がおありですか？

相談者　読みやすいとは言われます。

美輪　綺麗な字で丁寧に書くと、真意が伝わるんです。横文字はやめたほうがいいですよ。日本の文字というのは、縦に書くようになっているんです。横書きは寝そべっているのと同じでしょう。字が寝そべっているのって失礼です。今はそういうのばっかり、本でも雑誌でも横書きでしょう、英語の真似して。

　英語じゃないですからね。日本語というのは縦書きなんです。だから綺麗な字で、縦書きで丁寧に。あなたはしゃべらないほうがいいかもしれないから。

高瀬　ひどいことをしたという気持ちが強いあまり、今、自分の思っていることをなかなか伝えられなくなっていた、ということで言うと、美輪さんがおっしゃるように、その親友の方にしっかりとお手紙をしたためて伝えることによって、もしかしたら、自分の中で変わらなきゃ、二度と繰り返してはいけないって過剰になっているところが、少し力が抜けるのかなと。

美輪　手紙を書くということがひとつのきっかけになりそうな気もしました。

相談者　そうでしょう。誰が読んでも、優しい気持ちになれるような美しい言葉でお書きになってくださいな。返事はないと思いますけれど、伝わりますよ。

美輪　迷惑ではないですか？　結婚していたら申し訳ないとか考えてしまって。

相談者　結婚なさって、素敵な奥様がおありだと思いますから、誤解のないようにおっしゃってください。失礼申し上げましたって、最高に丁寧な優しい言葉で。まずそれに向かって邁進《まいしん》することです。

高瀬　親友だった方というのが、それぐらい大きな存在だったんですね。

相談者　そうですね。本当にきょうだいのように一番心を伝えられる人だったので、失って初めてその大切さがわかるけれども、後の祭りだなという感じで、一度死んで生き返らせていただいたなっていう思いです。

美輪　ありがたいですね。そういうこともお書きになればいい。

相談者　いいんですか、相手に重く感じさせてしまうのではないかと考えてしまって。

美　輪　重いもなにも、あなたがテーブル叩いたり、暴れたようにするより遥かにマシでしょう。

相談者　本当ですよね、おっしゃるとおりです。

結婚して夫と暮らしている相談者。心を入れ替えてからは、夫との関係性も、少しずつ変化してきたと言います。

高　瀬　今、結婚されている方と親友の方はお友達だそうですね。複雑なような気もしますけれども、良好な関係だったんですか？

相談者　そうですね。仲良くして。

美　輪　今のご主人？　もう何年ぐらいになるんですか？

相談者　今の夫とは昔一度、結婚して別れておりまして、そして去年再婚しました。

美　輪　同じ人と？　慈悲深いんですね、その方は。

相談者　とても懐の深い人です。

美輪　ありがたいじゃないですか。そのためにも、自分が再生したいからって、謝りの手紙を書くのは結構だけれども、本当はずっと罪の意識を背負っていくのが自分に対する懲罰だと思いますね。

相談者　はい。

美輪　ご主人にも、ちゃんとそのことはお話しして、手紙を書いたら「これでいいかしら」って見せてね。ご主人も納得なさると思います。

高瀬　それで今ですけれども、自分の思いを伝えられないということですよね。

相談者　そうなんです。本当はこういうふうにしたらどうかなと思ったりもするんですけど、飲み込んでしまうんです。今まではそれでもいいやって思ってきたんですけど、最近、優しく思いやりを持ちながらも、きちんと伝えるようになれたらいいなと思い始めました。

美輪　そういうふうにおっしゃればいいじゃないですか。ただし、「これは余計なことかもしれないけれども、参考までに聞いてください」「気を悪くしないで聞いてくださいね。私はこう思うんですけど、間違えてたらごめんなさい」って優しい、上品な言葉を選んで、ため口はダメですよ。あなたはため口で上からものをおっしゃる癖がおありのようだから。

相談者 自分で意識してなかったです。気をつけます。

美輪 ご主人に対してはため口なんですか？

相談者 以前は結構ひどい言葉を使っていました。でも、生まれ変わると思ってからは、ちゃんと丁寧に話すようになりました。きちんと心を込めて伝えるようになって、「ものすごく変わった」って言ってもらってます。

美輪 もっと変わればいいですね。

相談者 そうします。やっぱり優しく思いやりを持ちながらも、自分の意見をきちんと言える人間になっていきたいです。なにも言えないっていうのではなくて、きちんと伝えられる強さも欲しいと思います。

美輪 そういう練習をなさればいい。頑張ってください。

人間っていうのは
初めての経験を積み上げながら死んでいく
その繰り返しだから心配することはありません

年齢とともに深みを増していくものがある

Q 50歳を過ぎて「顔が老けたかも」と感じる。老け込んでいく自分を受け入れられない……

絶世の美人だったとされている小野小町の歌をご存じですか？　「花の色は移りにけりないたずらにわが身世にふるながめせしまに」、物思いにふけっているうちに、花は色が褪せて散ってしまった。自分の容貌も歳を重ねてすっかり衰えてしまったと嘆いているんです。これは、どんな人も逃れるわけにはいかない。それが人生というものです。でも、年相応の美しさというものがあります。

最近はお年を召しても、魅力的で素敵な人がいっぱいいます。成熟した優しさ、成人の頼もしさ、揺るぎのない教養、そういう若いときには余計なものだと思っていたものを掘り起こして開拓すればいいんです。オシャレをしようとするなら、「オシャレってこれでいいのよ」っていう気迫でするものです。その最たる例が、私ですよ。

堂々としていればいいんです。ただし、容姿だけでなく、内面的な魅力も磨いていかないと、軽薄なだけの人になりますよ。人間の魅力は後ろ姿に出ますからね。

人と比べていても、なんの得もありゃしない

Q 他人にあって自分にないものばかり考えてしまい、前向きな気持ちになれない……

隣の芝生は青いと言うように、同じ芝生でも隣のだけは緑が青々と見えるんです。なんの問題もなく幸せそうに見えるものです。でも、ほとんどの場合、一歩家の中に入れば問題はゴロゴロしています。この世には数えきれないぐらいの花があって、それぞれ違うわけでしょう。全部同じということはあり得ない。だから比べるほうがおかしい。

自分と誰かとを比べるというのは、全部同じだという錯覚を起こしているから。違うものは違うと初めから思っていると比べようがないんです。着物の生地だっていろんなものがあります。羽二重もあれば縮緬《ちりめん》もあるし、絣《かすり》もある。どれが優れているかなんて言えないでしょう。「あの人には、あの人の人生。私には私の人生がある。世界が違うんだから」って、思えばいいんです。

もっとゆとりを持って、ご褒美をあげなくちゃ

モヤモヤ相談

相談者の悩みは、「家族から受けた虐待」です。主に母親から虐待されてきた相談者。耐えきれなくなり、置き手紙をして、家を飛び出しました。それでも、本当にこれでよかったのか……モヤモヤしています。

相談者

私は10歳の頃から家族の虐待を受けてきました。母から昼夜問わず怒鳴られ、暴力をふるわれ続ける生活で、見て見ぬふりをしていた父は不倫に走り、母は次第にお酒に溺れて私への虐待はひどくなる一方でした。「私が頑張らないと家族が壊れてしまう」と思って20年ほど耐えてきましたが、さすがにこのままでは生きていけないと決意して家を飛び出し、今はひとり暮らしでなんとか生活しています。でも、なんだかスッキリしない気持

ちがありますうか。本当にこれでよかったのでしょうか。

美　輪　こんなに可愛くて、綺麗な人がそういう目に遭うというのは一体どういうことだろうと思いながら聞いていました。自分の可愛い子供を虐待して、怒鳴ったりひっぱたいたり、しまいに殺しちゃう親もいるでしょう。殺されないだけよかったですよ。今ひとりで生活していて、楽しいでしょう。

相談者　家にいるときは毎日、収容所にいるような生活で、決められたことを守らないと罵詈雑言《ばりぞうごん》が飛んできたので、キビキビしていたんですけど、今はグダグダしちゃって、しっちゃかめっちゃかでやっています。

美　輪　それで、酔っ払いのお母さんは、いつからそうなっちゃったんですか？

相談者　私が21とか22ぐらいのときから台所でお酒を飲むようになりました。そのままキッチンドリンカーみたいになってしまって。

美　輪　それは、お父さんのせいもあるのでしょうか？

相談者　そうですね。父が地方に転勤したときに不倫をしたのが痛かったですね。

美　輪　血気盛んな男が転勤して、セックスもなにもなしに何か月も違う土地で働けったって、そりゃ無理な話ですよ。だけど、それをお母さんは許せなくて、汚らわしいと思ったんじゃないでしょうか。そういった家庭で、よくあなたはグレませんでしたね。

相談者 私はビジュアル系のバンドが大好きで、そっちにのめりこんでいって。

美輪 へー、それはいいことをしましたね。

相談者 もう「ウワー」って怨念の塊みたいになっちゃって、このままじゃいけないと思って、「なんかないか、なんかないか」って。

美輪 音楽や演劇、美術、スポーツはなんのために人間が発明したと思う？

相談者 生きるため？

美輪 そう。心のビタミンなんです。豊かな文化を食べたり飲んだりすると健康になりますよ。ノスタルジック、ロマンティックなものは、ものすごい力を持っています。あなたが食べていた文化は美味しかったですか？

相談者 美味しいんですけど、ちょっとだけ毒みたいな。ビジュアル系って心の痛みや闇を表現しているジャンルなので、そういう部分はありました。当時はすごいパンキッシュな格好をして、鎖まみれ、血のりまみれみたいな。

美　輪　フフフ（笑）。絢爛豪華でいいじゃないですか。それで、家を飛び出して、どうやって生きてきたの？

相談者　今は生活保護で、障がいもあるので、その年金で生活させてもらっています。アニメとか絵画を見るのが好きですね。

美　輪　収入の面では苦しくても、文化を楽しみながら人生を生きていらっしゃる。それは素敵なことだと思いませんか？

相談者　はい、とっても。

美　輪　お友達は？

相談者　幼馴染の子がいて、私の生存確認のメールをくれたり、福祉センターにお世話になっているんですが、そこの方とたまに連絡したり。

美　輪　こんな世の中に、ひとりでもそういう人がいるっていうことは、あなたは幸せな人なんです。ボーイフレンドはいないんですか？

相談者　そうですね。自分は一度、社会的に死んでるんで、今は土台の作り直しをやったほうがいいなと思っていて。

美輪　邪魔くさいし。

虐待を受けて一時は自殺を考えたという相談者。身体と心に障がいを負うまでになりました。生活は障害年金などでなんとかまかなっていますが、問題は、今でも残る心の傷です。

高瀬　形の上では、苦しんできた家庭から逃れて自由を手に入れたと言えなくはないと思うんですけど、これまで受けてきた虐待のストレスからは解放されましたか？

相談者　物理的には解放されたんですけど、今でも幸せ系の家族のドキュメンタリーを見たりするのはちょっときついですね。

美輪　それは表だけを見ているからです。１００パーセント健康で幸せな家族な

相談者　んてほとんどありません。その家族だっていつどうなるかわからない。病気になるかもしれないし、仕事に失敗するかもしれない。だからその一瞬だけを切り取った部分だけ見て、うらやましがる必要はまったくない。

高　瀬　母に虐待されていたときのことや、学校でいじめられていたときのこと、悪口を言われているイメージがワーッて……。

相談者　フラッシュバックのような。

美　輪　そう、それです。

相談者　悪口を過大評価しているところもあると思いますね。悪口を言う人間の根底にあるものはなんだと思います？

美　輪　なんだろう？

コンプレックス。勉強ができないとか、器量が良くないとか、なにか欠点があって、劣等感の塊でろくな人間じゃない。頭は悪いし、言葉を知らない。「バカ、死ね、キモい」の3つぐらいしか知らないんです。そういう連中を、まともに相手するだけ損でしょう。なのに、あなたはその「刃《やいば》」

を自分に向けていたんじゃないですか？

相談者　そうですね、私も性格がウジウジしているので、「悪口を言われた」と思うと同時に、「でも、自分も悪かったしな」みたいな。

美　輪　相手に向けるべき刃を自分に向けたんですね。これからなにか言われたら、「じゃあ、あんたはなんぼのものなの？　どれだけの才能があって、どれだけの日本語がしゃべれるの？　どんな取り柄があるの？　なんもないじゃない！」って相手に言ってやればいいんです。心の中で殴り返してやればいいんです。そうするともう怖いものはなくなりますよ。自分はダメなんだって自分を責めていたら、つけ込まれるだけ。

高　瀬　今はご両親とまったく会っていらっしゃらないんですか？

相談者　そうですね。二度と戻らない気持ちで家を出たので。でも、家に仏壇があるんですけど、近くのデパートで可愛いお地蔵さんを見つけたので、「これを置いてくから、お墓参りに行けなくてすみません」って言って家を出てきました。もう行けないので。

美輪　あなたは立派な人ですよ。そんなにひどい目に遭ったのに、家のことを心配するなんて、優しさの塊です。その優しさが結局、自分を責める要因になって邪魔していたということ。

相談者　そうなんですかね。

美輪　だから、そこのところは卒業して、自分の素晴らしさを再認識して、胸を張って生きていけばいいんです。もったいない生き方をしないほうがいい。

相談者　障がいのこともあって、ちょっと表に出るのが怖くて、なんかミソサザイみたいに生きています。

美輪　そういう生き方もロマンティックな小説みたいでいいじゃないですか。中原中也の詩みたいでね。詩集を読んだことはありますか？

相談者　「汚れつちまつた悲しみに」を読んだときに、「あ、素敵」って。うまく孤独を飼いならしてる系で、カッコいいと思って。手塚治虫先生の『ブラック・ジャック』とか、ああいうのカッコいいなって。

美輪　それ、あなたは全部やっているんです。生活の中に取り入れて生きてきた。

相談者　えっ！　そうなんですか？

美　輪　ちゃんとした道を発見して、生きてきたんです。

高　瀬　様々な文化とか教養に触れようとされているのは、前向きな姿勢ですよね。

美　輪　悩み、苦しみのない人間なんてこの世に生きてませんよ。それをなだめすかしたり、いろんなことをしながら消化していく、それが人生です。それで、これからどうしたいんですか？

相談者　今はリハビリに通ったり、福祉センターに行って、治療を続けているんですが、いつか働いて自分の力で生きていきたいなって思っています。今はこんなですけど、毒親に苦しんでいる人に向けて、こういう生き方もあるよって、なにか形に残せたらなって思っています。毒親についての認識がもうちょっと社会的に広がったら、救われる命がたくさんあるんじゃないかって。

高　瀬　伝えられること、応援してあげられることがあるってことですよね。

美　輪　文化を上手に利用して、精神面で飢え死にしないで済む道を歩き始めた。

正道をお選びになったんだからいいじゃないですか。ちゃんとした自分を発見したと思いませんか？

相談者 ただ、すごく自信がなくて。それが人生の課題です。

美　輪 課題じゃなくて、事実を認めなさいって言っているんです。謙虚なんですね。

相談者 そうなんですかね。認めていいのかなみたいな思いがあります。

美　輪 謙虚は立派だけれど、それは余計な謙虚。いらない。あなたは生命力があるし、今日までちゃんと生き抜いてきたんだから大丈夫。立派ですよって自分に言ってあげてください。

あしたを生きるあなたへ

水の世は 波のまにまに 風のまにま
ゆらりゆるりと 参りましょう

第2章　愛するということ

なにも恥ずかしがる必要はありません

Q
雷に打たれたようにひと目で恋に落ちてしまうことが多く、好きな人のタイプが定まらない……

結構なことじゃないですか。地球全体がお花畑だと想像してみてください。世の中に咲く花が、全部バラだけだったら、いくら綺麗でもつまらないでしょう？　菊にオミナエシ、タンポポもあって、チューリップもダリアも、それぞれあるから、楽しくて綺麗なんです。人間も同じです。若者には若者の良さ、少女には少女の美しさ、中年には中年の良さがある。なにかを乗り越えてきた人の美しさがあるでしょう。それぞれ良いところがみんなあるんです。

それぞれの良さ、可愛らしさに惹かれるのは当然のことです。なんで定めなきゃいけないんですか。この自由民主主義の時代に、他人様がなにを言おうが、自分とは関係ないじゃありませんか。趣味が悪かろうが、良かろうが、それはその人の自由。大いに楽しめばいいんです。

理想に合わないのは当たり前です

Q 婚活で知り合った彼氏が、別の婚活パーティーにも参加していた！　別れたほうがいいのか……

あなたは、婚活パーティーっていうところを、勘違いしている。並んでいれば、神様がちゃんとした相手を差し出してくれるところと間違っているみたい。そんな簡単なものじゃないですよ。

同じ思いをして婚活しに来ている人に数多く会えると思うから行くんでしょう。そういうところに来ている男の人も、とにかくいろんな女の人と会ってみて、その中で一番点数の高い人を選ぼうとしているわけだから、あなたより点数が高い人を選んでいるんだったら、諦めるほかしょうがないですね。

ご縁がない相手に、しがみついても仕方ない

モヤモヤ相談

相談者の悩みは、「ミュージシャンの彼との恋愛がうまくいかないこと」です。お互いの家で食事をするほど親しくなりましたが、恋人関係にはなれなかった相談者。これからどうしていくべきか、モヤモヤしています。

相談者　親しくなった男性がいたんですが、喧嘩別れをしてしまいまして、仲直りをしたいと思っています。その方はミュージシャンでして、3年ほど前に友人に連れていってもらったライブハウスで、とても幸せそうな笑顔で演奏していた彼に一目惚れをしました。何回かライブに通ううちに、「これからお茶を飲みに行きませんか」って誘われたことがきっかけで一緒に食事をするようになって。補足させていただくと、その方と私は男女の関係

にはありません。親しい友人のような間柄です。

美　輪　つまり肉体関係はないということですね。

相談者　はい、一切ありません。

美　輪　それで結局、彼のどこを好きになったんですか？

相談者　ライブが終わった後に、ほかの出演者はみんなステージから降りてお酒を飲んだりしてたんですが、彼はひとりステージに残って、自分の使った楽器や機材を片付けているのを見て、とても真面目な方だなと思ったのも好きになったきっかけです。

美　輪　ファンとストーカーは違うのをご存じですね？

相談者　はい。

美　輪　どういうふうに違うとお思いになって？

相談者　ストーカーは一方的に好きになって……。

美　輪　違いますね。ストーカーっていうのは、その人の容姿・容貌とか、ちょっとした眼差しとか、そういったものを好きになって忘れられなくなるんです。ファンというのは容姿・容貌はどうでもよくて、醜かろうが美しかろうが関係ない。その人の表現する音楽そのもの、演奏する技術、そういったものが好きで追っかけになるのがファンですね。自分がどっちなのか、おわかりになっている？

相談者　音楽ももちろん好きです。

美　輪　だったら、ファンでありたいわけでしょう。ストーカーっていうのは、肉体関係も持ちたいと思うんですよ。それはどうなんですか？

相談者　抱きしめられたいとは思います。

美　輪　彼のほうはどうなんですか？

相談者　ないと思います。

美　輪　どうもあなたのひとり芝居のような気がしますね。ちょっと親しくなると肉体関係を結ぼうというふうに、男だったら普通は行きますよ。それを言ってこないんですね？

相談者　はい。私も以前の恋愛はそうやって進んだんですけれど、今回は自分も相手もそこそこの年齢なので、ゆっくり始まるものかなと思っていました。

美　輪　ところが始まらなかったんでしょう。初めからこの話は成立できなかったってことです。

舞台の幕が閉まったままなんです。それをひとりでぽつんと客席で見ているだけ。それであなたの好意とかいろんな思いが暴れだしただけの話でしょう。だからストーカーになりたくないと思うんだったら、きれいさっぱりおやめになったほうがいいでしょうね。

相談者　諦めるということですか?

美　輪　女性としては見てもらえなかったんですよね。

相談者　はい……。

彼とはゆっくり距離を縮めていくつもりだった相談者。しかし、ライブを手伝うようになると次第に喧嘩も増えていったと言います。そのまま彼とは疎遠になり、1年

……が経とうとしていたのですが……。

高　瀬　彼のほうからちょっとアプローチがあったというふうに伺っていますが？

相談者　はい。食事に誘われました。

美　輪　ずいぶん向こうの方も罪なことしますね。断りましたか？

相談者　いいえ。「気長に待ってます」って返事をしてしまいました。

美　輪　いけないですね。向こうは男友達と同じ感覚だと思いますよ。人気稼業の人っていうのは、結局そういうふうに追いかけてくれたり、夢中になってもらえるようにするのが商売なんです。そこのところをはっきりと線引きして、違う品物をお探しになったほうがいいですね。これからまた、もっと素敵な音楽を演奏する人が出てきますよ。

相談者　そんな……彼はとても純粋で、素晴らしい曲をつくってますし、ファンの人を片っ端から食事に誘ったりするような人ではないです。

美　輪　なんとかして振り向かせようって思っていらっしゃるでしょう。無理ですね。あなたの恋心の押し売りから始まったんだから。

相談者　どういうふうに始めればよかったんでしょうか？

美　輪　もう過去のことを振り返らないで、いい青春の勉強になったとお思いにならないと。それよりも自分の人生をもっと大事になさい。相手を大事にするのも結構だけれど、それより、あなたを女性として評価して、大事にしてくれる、そういう男性だっていると思いますよ。

相談者　これから先も？

美　輪　今のうちですよ。あなたも年をとっていくわけだし。気持ちがいいですよ、男に大事にされると。

相談者　はい、もうずいぶん忘れてしまいましたが。

美　輪　昔の恋心を思い出してください。可愛い子ぶったりしませんでした？

相談者　いやいや、過去に別れた方には、「君はほうっておいても大丈夫だからね」って、言われたことがありました。

美　輪　それは男にとっちゃ一番嫌なところね。「オレがいなきゃ」って思わせないとダメですよ。これから一生懸命、可愛い子ちゃんになる勉強をしてください。いい女になりますよ。そうしたらね、いろんな男が向こうから寄ってきますよ。もういらないっていうぐらいに。

相談者 はい、一生勉強です。

美輪 結構、結構。お幸せにね。

あしたを生きるあなたへ

青い鳥はいつも
自分の心の中にいる
見えるかどうかは
心の状態次第です

相手も同じことを思っていることに気づくべきですね

Q 付き合っている彼女の顔がどうしても好きになれない。この気持ちを一体どうすれば……

あなたは、相手が自分をどう思っているかってことを考えていない。向こうもそう思っていますよ。無い物ねだりをしているんです。あなたにそれだけの値打ちがあるのかよって言いたいですね。

相手の女性がこういうことを聞いたらどう思うでしょう。即破談ですよ。相手も密かにそれは感じていて、鏡を見るたびに嘆いていると思います。でも、顔以外で良いところがたくさんあるんでしょう。そっちのほうを数えていればいいんです。無いものは数えるもんじゃありません。

今の世の中、男の人も女の人も、顔は綺麗で素敵なんだけれど、性格はちょっと、という人がたくさんいます。こっちのほうがよっぽど問題です。顔が標準以下でも、性格が良ければ、それこそ美人で美形で美男子ですよ。あなたは、本当に得がたいパートナーを見つけられたのかもしれませんね。

マイナスの面も、ちゃんとしっかり受け止めて

モヤモヤ相談

相談者の悩みは、「男性との出会いを繰り返すことに疲れてしまった」こと。マッチングアプリや婚活パーティーなど、出会いを繰り返してきた相談者。自分がなにをしているのかわからなくなり、モヤモヤしています。

相談者　私は一念発起して、マッチングアプリや街コンなど、様々な婚活、恋活を利用して、この半年間で何十人という方にお会いしてきました。でも、なかなかうまくいかず、最近は夜にひとりで、自分は一体なにをしているんだろうと、どっと疲れが押し寄せてきてしまうことがあるんです。いつかは結婚して幸せな家庭を築きたいと思っているんですが、本当に素敵な方と出会うためにはどうしたらよいのでしょうか。

高　瀬　この半年で何十人もの男性と出会ってきたのに、うまくいかないということで、非常に積極的な方でいらっしゃいます。

相談者　土日は多いときですと、お昼にひとり会って、夜にもうひとり会って、平日は仕事終わりにおひとりの方と会うので……。

美　輪　お忙しいのに。

相談者　今しかないと思って。

美　輪　それで主になにがダメなんですか？

相談者　皆さん同じことを、「休日はなにをしていますか」「どんなタイプが好きなんですか」「好きな食べ物はなんですか」ってやり取りを、何十回も繰り返すんです。それで、「これは運命の出会いだ」って同じことを言うんですけれど、本当に軽く「愛」という言葉を多用されるので。

美　輪　ということは、すぐ寝ようということですか？

相談者　そうかもしれません。なので、そういう言葉が見え隠れしてしまうと、私のほうから、「ごめんなさい」と言って離れていくことが多いです。正直疲れてしまって、マッチングアプリ自体もやめてしまっている状況ではあるんですけれども。

高　瀬　非常に上品にお話しくださっていますけれども、こちらの調べでは、かつてはとにかく「狩り」を繰り返す日々だったというふうに聞いておりまして。

相談者　フフフ（笑）そうですね、婚活パーティーでしたり、街コンではそういった感じになりますね。

美　輪　ちょっと伺いたいんですけれど、男の人は、なんだとお思いになります？

相談者　うーん……。

美　輪　男は狩猟族です。自分から突進して、獲物を探してっていう狩猟族なんです。それをあなた、ご自分がおやりになっていらっしゃる。そうすると、男の人はうんざりしますね。自分の出番がなくなるんですから、オレの出番はどうするんだということになります。マザコンの男だったら、そういうのを喜ぶんです。でも、そういう男は魅力がないですよね？

相談者　はい。やはり主導権を握っていただける男性に魅力を感じます。

美　輪　じゃあ、どうしたらいいんでしょうね。

相談者　うーん……どうすればいいんでしょうか。

美　輪　可愛い女ってのは、ご存じ？

相談者　どんな女性ですか？

美　輪　どこかで手を差し伸べたくなるような女。可憐な、儚げな。

高　瀬　そういう部分を持っているけれど、隠しているってことですか？　それともあまり見当たらないんですか？

相談者　どうでしょうか、今はこうやって美輪さんとお話ししているので、猫をかぶっている状態ではあるんですけれども（笑）。

美　輪　私は相当、強いほうだというふうにお見受けしましたけどね。

相談者　そうですね。強いと思います。

……

相談者には、男性との出会いを繰り返すようになる前、

職場で出会った恋人がいました。喜んでもらおうと必死に世話を焼きましたが、結局、振られてしまいました。

美　輪　あなたのほうから愛情を感じて、ダメになった人はいます？

相談者　前に働いていた職場の方とご縁がありまして、でも、「追いかけられる恋愛をしたことがなかった」って言われました。それこそ先ほど、美輪さんがおっしゃったことと同じですね。

美　輪　ぴったしですね。

相談者　今まで付き合った方は数名いるんですけど、振られるのは、初めてでした。

高　瀬　たとえば、どういうところでやりすぎてしまうんですか？

相談者　彼が私の家に遊びに来るときには、料理をして待っていたり、私の家に泊まると言ったときは、一緒にお洗濯をしましょうと言って、彼の物を一緒に洗ったりですとか、いつの間にかお母さんみたいになっちゃうんです。

美　輪　これでもかこれでもかと、狩猟族の真似して、先手を打っていたわけですよ。

相談者 そうですね。「僕はもっとひとりになりたい」と言われてしまいました。

美輪 だから、可憐じゃないっていうこと。

相談者 なるほど。可憐な女になる秘訣はなんですか？

高瀬 今の質問の時点で、あんまり可憐ではないですね。

相談者 失礼いたしました（笑）。

美輪 持っていらっしゃるものを、少し直したほうがいい。上を向いているっていうのは元気いっぱいだから、手を差し伸べる必要がないわけ。ところがちょっとうつむき加減でいるところを見せると、「どうしたんだい？」って言いたくなるでしょう。それを演じるんじゃなく、自分のマイナスの面もちゃんと受け止めて、自然と思いが外へ出る感じのほうがいいですね。憂いがありそうにしていると、男性が寄ってきますよ。

高瀬 疲れた顔とか、寂しい顔とかそういうのは人に見せない？

相談者 見せないですね。自分のマイナスな感情で人をコントロールしてしまうのはいけないことなんだと思って、どのマッチングアプリや街コンでも、初めて会う方ですので、相手にとって失礼のないように、粗相のないように接しなきゃいけないいって。

高　瀬　言葉を選びながら接しつつ、相手を値踏みしているっていう。

相談者　そうですね。

美　輪　逆効果ですね。それを、おやめになったらどうです。本当の自分を知っていらっしゃる？

相談者　まだまだ模索中です。いろんな人に見せる顔、態度がありますので、どれが本当の自分なのかっていうのがわからなくなるときがありますね。

美　輪　そういう話し合いをしたことはありますか？

相談者　男性にですか？　ないです。

美　輪　だから、強い女性っていうのは頼りになるけれど、魅力がない。可愛くないんです。どこかちょっと、手を差し伸べたくなるような、儚げなところがチラチラと見えたりすると、守ってやろうって気になる。守ってもらわなくて結構、私はひとりで歩いていけますというふうな女の人をどう思います?

相談者 自分がいなくても、ひとりで生きていけるんだろうなって思っちゃいます。

美　輪 そこですよ。自分のほうが生活力もあって、男なんかいなくても大地を踏んで歩いていける、そういうところを見せないほうがいいです。

相談者 そうですね。感情を出していこうかなと思います。

高　瀬 新たな自分を見つけてください。

付かず離れずの腹六分ぐらいがちょうどいい

モヤモヤ相談

50代の相談者の悩みは、今後の人生についてです。長年付き合った恋人と別れた相談者は、今までにない孤独を感じていて、今はただ、家と職場を往復するだけの日々を送っています。前向きになれない自分にモヤモヤしています。

相談者　私は今、ひとり暮らしをしています。結婚歴もなく、子供もいません。若いときから、なかなか恋愛がうまくいかなかったんですが、ようやくお付き合いした方と、去年お別れしました。9年ほど付き合ったんですけど。

美　輪　長いほうですね。

相談者　はい、初めてこんなに長く付き合ったんですが。

美　輪　初めてというのは、その前もあったんですか、短いのが。

相談者　単発的なのは何度か、若いときはありました。

美　輪　結構やり手ですね。そして？

相談者　実家はありますが、頼れるところはもうなくなったなと思うと、とても不安になったり、孤独を感じてしまったり……。不規則な仕事をしているので、いつの間にか友達とも疎遠になってしまって。

美　輪　不規則なお仕事ってどんな？

相談者　介護士です。

美　輪　素晴らしいじゃないですか。それで、どういう理由で別れたんですか？

相談者　付き合って3年ぐらいしたときに、彼の借金がわかりまして、それをきっかけに、だんだん彼を尊敬できなくなってしまい、ギクシャクし始めて、私も冷たい態度をとるようになったり……。

美　輪　金の切れ目が縁の切れ目なんです。

相談者　はい、そうかもしれないです。「ある程度のお金を貸してください」って泣きながら言われたんですけど。

美輪　いくらぐらいですか？

相談者　そのときは、30万って言われました。「ずっと言えなかったんだけど、貸してください」って言われたんですが、お断りしました。でも、お金を貸さないことによって、彼がなにか変なことを考えたりとかしたら嫌だなと思って、あげるつもりで10万なら出すって言ったんですが、結局彼は、「そんなこと言って悪かった」って言って、お金は受け取らなかったんです。

美輪　ほー、いい人ですね。なんのための借金だって言っていました？

相談者　彼が言うには、学生のときの奨学金と、生活費って言ってました。

美輪　じゃあ、よくそこらへんで起こっている状態ですね。普通ですよ、それは。遊びのためのお金じゃないんでしょう？

相談者　そう言っているんですが、本当のところはどうなのか、ちょっとわかりかねる次第です。

美輪　じゃあ、それだけの話で別れたわけ？

相談者　はい、だんだん尊敬できなくなってしまって、借金がわかってから喧嘩も増えてきたので。

美輪　増えるって、どういう喧嘩ですか？

相談者　話が噛《か》み合わなくなってしまって。彼の話を、尊敬できないがゆえに否定するようになってしまいました。

相談者は、結婚という形にこだわることなく、彼に対しては生涯を共に過ごすパートナーになってほしいと思っていました。しかし、彼は恋人以上の関係は望んでいなかったのです。

相談者　私に対してどういうお付き合いを求めているのか彼に聞いたんです。私は「結婚という形にはこだわらないけど、人生のパートナーになってくれる人と付き合いたいんだけど、それはどう思う？」って聞いたんですけれど、「付き合っている人がパートナーでしょう」って言われて。付き合い方に対しての考え方が噛み合わなくなってしまったので、「もう別れたほうがいいんじゃないの」と言ってしまって。向こうも「そうだね」ってなりました。

美輪　付き合っている人が良きパートナーだと思いませんでしたか。

相談者　私の考えとはちょっと違うなと思いました。

美輪　わかった。愛情が全然ないんですね。

相談者　私に？

美輪　ええ。男が泣きながら、大変なんだと。人としての愛情があれば、自分にできることがあればやってあげるってなるもんですよ。でも、そうならなかった。借金が30万もあるって、考えがそっちのほうへいっちゃったということは、あなたの愛情が足りなかった。

相談者　足りなかったんですかね。

美輪　そう。

相談者　情もなかった。

美輪　情もなくて、自分を守ることだけしか考えていなかった。頑固なんですね。これは誰と一緒になっても同じですよ、あなたは。愛情がないんです。自分を守ること、自分の意志、自分の生涯の生活の仕方とか、自分のことばかり。そう思いませんか？

相談者　うーん。

美輪　愛情があれば、その人のためだったらどんなことでもやってのける。１００万人敵がいたって私が守ってみせると。愛っていうのは、そういうものなんです。だから、あなた向きの、ぴったりな人っていうのは、初めからいませんよ。

相談者　はい。なので、すぐ嫌だ、別れるって言わないで、我慢しなきゃ、我慢しなきゃって思って、９年もダラダラ経ってしまいました。

美輪　あなたの鋳型《いがた》にぴったしの人間は一生いないでしょうね。見つかりませんよ。だから、ずっとこれからもひとりで生きていく覚悟をしないといけません。その愛情を持てないんだったら。

相談者 どうやったら持てるようになりますか？

美　輪 与える愛情。恋という字と愛という字は違いますからね。恋というのはすべて自分本位なんです。なにかというと自分、自分、自分。自分の欲望の塊を押し付けるのが恋。愛っていうのはなにかというと、相手のことばかり。相手のためになれるように、相手に犠牲を強いることがないように、負担にならないように、苦労させたくない。自分と付き合ってくれていると感謝して、じゃあ自分も、相手のことを幸せにしてあげようというふうに、とにかく「愛」のほうへ重点を置くことです。その愛が、介護の仕事には一番向いているんですけど、そっちで使っているんですか？

相談者 そっちに使っていると思います。

美　輪 そっちだけで使い切っちゃあ、しょうがないでしょう。それを彼にも、あなたのことを愛してくれたんだから、あなたも愛を返すべきだった。おわかり？

相談者 ……はい。

美輪　みんなあなたに原因がある。私、私、私、私、それが第一に来るんですよ、何事も。これからどんな男の人が現れても、そんなあなたじゃ、誰も付き合ってくれませんよ。誰もそういう人とお付き合いしたくないですから。逆に、オレが、オレがばかりで、なにかというと「お前のせい、オレは正しい」って男と付き合っていたら、嫌になっちゃうでしょう。

腹六分でいいんです。腹八分というけれど、それじゃちょっと多すぎる。腹六分で付き合うと相手のこともちゃんと立てられるし、自分が立てててもらえるし、摩擦が少なくて済むんです。腹いっぱい付き合おうとすると、わがままや、いろんな悪いところが出たりしますからね。だから、腹六分。お相手とも腹六分で付き合って。

相談者　はい、頑張ってみます。恋愛を探すのはあまり考えていないんですが、もしそういう出会いがあったときは、腹六分でいきたいと思います。

美輪　腹六分で、相手をないがしろにしないこと。頑張ってください。

恋はすべて自分本位
愛はすべて相手本位

あなたには、幸せが籠もったの

Q　1年前から準備してきた結婚式なのに雨。なぜ私だけ、結婚式の日に限って……

がっかりすることはありません。晴れた日に結婚して別れた人がどれだけいると思います？　雨には「降り籠められる」という意味があるんです。幸福が外へ逃げないように、家庭の中に閉じ込められる。縁起のいいものが閉じ込められたらうれしいじゃありませんか。ですから、2人がどこへも行かないように、一軒のうちに閉じ込められているというふうに思わないと。雨を目の敵《かたき》にすることはないんです。

『雨降りお月さん』（作詞・野口雨情）という歌をご存じですか？
「雨降りお月さん 雲の蔭《かげ》 お嫁にゆくときゃ 誰とゆく ひとりで傘《からかさ》 さしてゆく 傘《からかさ》ないときゃ 誰とゆく シャラシャラ シャンシャン 鈴付けた お馬にゆられて 濡れてゆく」

雨は、風情があっていいですよ。

発想の転換しか道はありません

Q

会うたびに、「疲れた」「しんどい」を連発する彼氏に不満がつのる……

この世の中で多少なりとも疲れていない人なんてどこにいるんです。まったくもう、ゴミ箱をひっくり返したような世の中でしょう。あちこちで戦争しているし、いろんな物の値段は上がっていくし、とにかくゴチャまぜ。疲れないほうがおかしいくらい。

ですから、もうこうなったら自己防衛しようという意識を持つほかに方法はありません。うんざりしたりなんかしないで、相手以上に「疲れた」と言えばいいんです。会った途端に「疲れた」、なにかというと「疲れた、疲れた」。とにかく「疲れた」の攻撃ですよ。うんと気前よく「疲れた」を発声なさるといい。気前よく、どんどん、相手にうんざりされるぐらい。

そういうマイナスの言葉は、癒やしの手段のひとつでもあるんです。だから、「疲れた」「疲れた」って聞いているほうはたまんないということを相手にわからせればいいんです。ユーモアがあれば、世の中が苦しくても、どうにか生き延びられますよ。

自分のことを棚に上げて、求めてばかり

Q お付き合いを申し込まれても、相手のマイナス点ばかり見えてしまう……

相手のこういうところが嫌、ああいうところが嫌だと、あなたは自分だけがそうやって点検して、点数を付けていると思っているんです。自分は全部プラス点ばかりだと思い込んでいらっしゃるんじゃないですか。そうしているときは向こうも同じように点検して点数を付けています。だから気にすることありません。どっこいどっこいなんですから。

多くを持てる人がそんなにいますか？　そうはいないですよ。だからどこを視点に選ぶのか、経済的なよりどころがあるかどうか、人間的な美点とかセックスの面で選ぶのか、先々を見越してなにを基準に選ぶのかです。妥協できるところ、妥協できないところがいくつあるか。プラスマイナスを比べてみることです。それに合わせて自分を振り返って点数を付けてみる。相手の目になって自己採点をしてみることも忘れずに。

好きになるってことがわからない人は、この世にいません

モヤモヤ相談

相談者の悩みは、「恋愛をする感情を忘れてしまった」こと。仕事も趣味も充実している30代。ただ、恋愛体験がないことがコンプレックス。このままでいいのか……モヤモヤしています。

相談者　私は男性とお付き合いしたことがなくて、年齢的にそのことに対して恥ずかしさもありますし、それを隠して周りと恋愛話を合わせるのもとても苦痛です。周りは普通に恋愛も結婚も出産もしているのに、それができない自分はどこかおかしいのかなと。私の性格だとか人間性が欠けているから恋愛ができないのかなって不安な気持ちになります。

美　輪　それは何歳ぐらいから気がついたんですか？

相談者　高校生ぐらいから恋愛感情がなくなっていて。

美　輪　ませている子は小学校あたりから、あの子が好きだ、この子が好きだとかよくやりますでしょう。そういうのはバカバカしい、汚らわしいって勉強ばかりしている子もいるし、多種多様ですよね。あなたは勉強が好きだったんですか？

相談者　そういうこともまったくなく。ごく普通の学生時代だったんですけど、人を好きになるという気持ちがイマイチわからない。

美　輪　嫌いになる気持ちは。

相談者　わかります。なんですけれど……。

美　輪　自己防衛にはうってつけですね。それはなにが原因だとお思いになりますか？　小さい頃になにかあったんですか？

相談者　中学生のときに一度だけ、同級生の子に告白したことがあったんですけど、告白されたんだから付き合っちゃえよって周りがはやして、ノリでお付き合いをすることになったんです。相手が私に好意を持ってないことがわかっていて、結局1年ぐらいお付き合いしたんですけれど、私の好意は一度も受け入れられないまま終わってしまいました。自分が拒否された感じで終わったことを引きずっちゃっているのかなって思います。

美　輪　ピンポンですね。それにがんじがらめに縛られちゃったんですよ。その縄をほどけばいいんです。縄を解くにはどうしたらいいですかね。

相談者　それがもうわからなくなってしまって。

美　輪　相手のことを過大評価したんじゃありませんか？　深く付き合っていたら、いろんな欠点が見えてくるんです。欠点のない人間っていませんでしょう。理想化して、それが凝り固まって焼き付いちゃったんですね。

　あなたは、どういうタイプが好きなんですか？　その人に似ているタイプだったりすると、ほかのタイプに目がいかないんです。自分で自分に足かせをはめているんです。それをほどけば恋愛になると思いますよ。

相談者　恋愛感情が持てなくなってから、自分がどういう人がタイプなのかっていうのもイマイチ……。

美　輪　男でも女でも？

相談者　あっ、元プロ野球選手の古田敦也さんが知的でお話も面白いですし、そういうところが男性としてすごく素敵だなと思って好きです。

高　瀬　アイドルも好きだというふうに聞いておりますけれど。

美　輪　古田さんと全然違うタイプですね。レパートリーが広くていらっしゃるじゃないですか。じゃあ宝塚は？

相談者　好きです。

美　輪　ほら、ボロボロ出てきちゃったじゃないですか。

相談者　そうですね。でも、ファンとして応援している気持ちと、誰かを好きになるっていうのは、ちょっと違うのかなって思っていて。

美　輪　違わないんですよ。そこから始まるんです。恋愛の「れん」ぐらいは、宝塚でしているんです。

相談者　ときめきはもらっています。

美　輪　もらってるでしょう。胸がキュンとなってるでしょう。それに正直にのっかればいいんです。

相談者 それが身近な人にいかない……。

美　輪 中学時代のがダメになったから、これもダメになるんじゃないかって思って、自分で尻込みしちゃっているんですね。

相談者 そういうところはあるのかなって薄々感じていました。

美　輪 大ありですよ。だからそれを外せばいいんです。好きになるっていうことがわからない人なんてこの世にいません。ただ中学時代のその相手が、はっきりしないタイプだったから振られたんだっていうふうに、プライドが邪魔しているわけですね。そのプライドを捨てて、「こんな私を振るなんてあいつには見る目がなかったんだ。ああ、よかった」ってお思いになればいいんです。

相談者 確かにそうですね。引きずってしまっているところがあると思います。

美　輪 原因は全部それなんです。そこに帰結するわけ。好きになる前に、どうしようかどうしようかってうやむやになっているところでストップしちゃっている。そのブレーキ、外しません？

相談者　まずなにをやればいいのか……。

中学生で経験した失恋に縛られたままの相談者。今となっては、恋愛の始め方さえわからなくなってしまいました。

美　輪　この世にはいろんなタイプの人がいます。みんなそれぞれ良さがあるんです。そのみんなの良さを見ようとしなくなっちゃった。だから、こういうタイプも実はいいところがあるんだ、セクシーなんだ。古田さんなんて宝塚とは正反対ですよ。その矛盾を解けばいいんじゃないですか。

いろんなタイプを神様が揃えてくれているんです。だからどのタイプを好きになっても罪にはならない。自縄自縛で自分を縛り付けている、その縄をほどいてあげればいい。

相談者　年齢的なものもあって……。

美　輪　関係ないですよ。出会い系サイトとかはどうなんですか？

相談者　怖くて一度もやったことないです。

美　輪　それは結構です、用心するに越したことはないですからね。悪いやつもいますから。

相談者　あと、性経験がないっていうのが、自分としては欠点に思えてしまって。

美　輪　あなたは欠点探しが大好きなんですね。

相談者　あまりポジティブではないですね。ネガティブなほうです。

美　輪　ネガティブばっかり探す。ポジティブなことはそっぽ、背中を向けている。

相談者　そういうので、どうしても前向きに恋愛っていうところには足が向かない感じになっていますね。

美　輪　中学時代のうまくいかなかったことが、いまだに幅を利かせているんです。

相談者　あの年齢じゃなかったら立ち直りようがあったのかなって。思春期まっただ中のタイミングでそうなってしまったので、余計に傷が深くなっちゃったのかなとは思います。

高　瀬　そもそも、その年齢の男子って好きとか嫌いとかってあんまりわかっていなかったりもします。

相談者　本当に、周りの雰囲気に押されてっていうところは相手の方もあったんだろうなと。

美　輪　ほとんどがそうですよ。みんなの噂とか、みんなの目だとか、そっちばかり神経が行っているんです。恋心とか愛情だとか、いろんな自分の心の赴くままに動くっていうことはしませんから。だからそんなつまらないことにこだわって一生を台無しにすることはないじゃありませんか。

神様が、お前には良いのを先に残してあるからって言ってくれているのを、ちゃんと頭に入れておいてください。自分を大事にしなきゃ。もっと解放して、優しく甘やかしてやってください。

人は不幸の数は数えるが
幸せの数は数えない

愚痴を言う前に自分を磨く努力をしなさい

Q 自分には人としての魅力がないような気がして寂しくなる……

魅力のある人というのは、どういう人だと思いますか。古今東西の面白い話ができる人っていうのは、どこにいても引っ張りだこになると思いませんか？　もっと一緒にいたいと思いますよ。だから、自分の肥やしになりそうなものを片っ端から吸収すればいい。スポーツの話でも、囲碁・将棋、美術や音楽、ありとあらゆるものから情報を仕入れること。あらゆる知識を身につけて、自分を磨くこと。怠けてないでそういう努力をすればいいだけの話です。やることは山ほどありますよ。

江戸川乱歩さん、三島由紀夫さん、川端康成さん、遠藤周作さん、吉行淳之介さん、岡本太郎さん、そのほか有名無名を問わず、私がお付き合いさせていただいた方達は、とにかく皆さん知識がものすごく豊富ですから、面白い話が次から次に出てくるの。一緒にいるのが楽しいんです。容姿・容貌の良し悪しだとか、着ているものや持っているものなんて、まったく関係ないんです。

文化というのは、人間をピュアにするもの

モヤモヤ相談

10年間、恋人がいない相談者。気になった人がいても、いつも関係が思うように進展しないことに、モヤモヤしています。

相談者　私、ゲイなんですけど、最後に付き合った彼氏と別れてから、10年ぐらい恋愛をしていません。恋愛をしてなくても大丈夫だったんですけど、つい最近、また恋愛をしたいなと思い始めて、動きだしてはいるんです。でも、やはり、自分からアピールができなかったり、アピールをされても素直に応えられなかったり、どうしていいのかわからなくなってしまっています。

美輪　それは自分が夢中になるような人が出てこないということですか？　それとも、「ああ、いいな、付き合いたいな」と思うような人がいらっしゃることはいらっしゃるんですか。

相談者　一応、出会いは多いほうだと思うんですけども、やっぱりタイミングが合わないことも多々ありまして、「えいっ」と思ったときには相手の気持ちが違ったりとか、そういうこともあって、どうもボタンを掛け違えてしまうんです。そういうときってどうしたらいいでしょうか。

美　輪　それは、私は神様じゃないんだから。

相談者　神様ですよ。

美　輪　いやいや、神様じゃないんだから、どうにもできないんです。向こうから断られるんですか、それとも断られるのが怖いから行かないだけですか？

相談者　なんて言うんでしょう、勝手にブレーキをかけてしまってるところが。

美　輪　それは、傷つくことが怖いからですか？

相談者　もちろんそれもあると思うんですけども。

美　輪　捨てられたりしたことはないんですか？

相談者　ないですね。覚えてる限りでは。

美　輪　捨てられるより前に、捨てちゃえのほうでしょう。

相談者　はい、否定はいたしません。

美　輪　プライドが高そうですもの。非常に自我の強い人だと思いますよ。

相談者　おっしゃるとおりでございます。

美　輪　自我の強い人って、男でも女でも、どの人と一緒にいてもうまくいかないっていう人が多いんです。プライドが邪魔するんですよ。あなたはとにかく自分を守るのに精一杯の力を発揮していらっしゃるでしょう。

相談者の仕事は、新宿二丁目で「ドラァグクイーン」と呼ばれる女装した男性の衣装をつくること。美輪さんは、「そんな個性豊かな人達との付き合いに恋愛がうまくいかない原因がある」と、考えます。

高　瀬　10年前にお付き合いしたときは、相手のほうから言い寄られる形だった？

相談者　向こうがアプローチをしてきてくれて、とてもタイプな方だったので付き

高瀬　合うことになったんですね。その頃は結構、ずっと繰り返し、恋愛が途切れることがなかったので。

相談者　アクセルも自然に踏めていたということ。

高瀬　踏めてましたね。もうほんとに優良ドライバーでした。

美輪　様々な車を乗り換えながら。

相談者　二丁目へ出入りして衣装をつくっていらっしゃるんでしょう。

美輪　はい。

ドラァグクイーンの人達っていうのは、皆さん気が強くて、「どうでもいいわよ、そんなの！」って言うふうなタイプの人が多い。そういう人を見ていると、それが当たり前になってしまうんです。そうすると気がつかないうちに自分もそういうタイプになっちゃうんです。

これがまったくそうじゃない、サラリーマンなんかとお付き合いをしていると、また変わってくるんです。やはり、その生活環境のせいもあると思いますよ。そうお思いになりませんか？

相談者　確かに、それぞれ個性がないとやっていけない方々なので、そういう意味ではとても強いと思います。

美　輪　だからこそ生きていける世界でもあるけど。ただ、そういう二丁目の生活環境に負けないようにしないと、自然と染まって、そういう人になっちゃいますから。気が強くて、自分が一番で、プライドが傷つけられるようなことを言われたりされたりすると、絶対許さない。なにかというとすぐ喧嘩になりますよ。そういう世界ですからね。

相談者　どうしたらいいんでしょうか？

美　輪　自分よりも相手のことを大事に思う精神ですね。

　たとえば相手が待ち合わせに遅れて来たときに、「こんなに私を待たせるなんて、もう許さないから」と怒って帰ってしまう。これが恋です。でも愛になると、怒るより前に心配するんです、相手のことを。「なにかあったんじゃないか、事故でも起きてなければいいけれど」って。遅れて来ても、それを怒るんじゃなくて、「いいのよ、気にしないで。私も今来たばかりだから」って、上手に嘘をついて、無事だったらそれでいいと思う。恋愛っていうのは、まず自分を捨てるところから始めないと。それも、とてもカッコいいと思いません？

相談者　とても素敵だと思うし、逆にそのほうが強い人間だなって思います。

美　輪　そうなりたいじゃないですか。今度、ちょっといいなっていう人が現れたら、実行してみたらどうです？　うまくいきますよ。

相談者　試してみたいと思います。

美　輪　自分は別の世界にいるっていうふうに、中学生や高校生の頃を思い出してみてください。そうすると自分の姿が見えてくるでしょう。

　どういう生徒さんでした？　すごく感じのいい子でしょう。

相談者　どうなんでしょうね……。

美　輪　おっしゃい！

相談者　学生時代は真面目でした。言われたことはちゃんとやる子でしたし、校則もきちんと守るタイプではありました。

美　輪　そうでしょう。素敵な子だったなとお思いでしょう。時々、荒れ狂ったときには、そこへ戻るといいんです。想念を元に戻してね。その頃にうたっていた歌で良い歌があれば、一番いいんですけれど。

相談者　昔の歌は、結構好きで聴いてますし、クラシック音楽が好きですね。

美　輪　どういう歌？

相談者　「カルミナ・ブラーナ」が大好きなんです。

美　輪　「カルミナ・ブラーナ」といったら大合唱じゃないですか。

相談者　すごい好きなんです。美輪さんがＮＨＫの音楽番組に出られたときに聴いたのが最初で、衝撃を受けて。小学生時代の思い出です。

高　瀬　小学生⁉

美　輪　小学生で「カルミナ・ブラーナ」なんてのはすごいですよ。ほかには？

相談者　モーツァルトも聴きますし、ベートーヴェンも聴きます。

美　輪　そういうところに戻ればいいんです。そうすると自分の本体に戻れるから、ほっとしますよ。文化っていうのは、こうやって人を救うんですよ。人間をピュアにするんです。だから二丁目だけというのはナシ。

相談者　お仕事が！

美　輪　染まらなければいいんです。そうすると、素直な恋愛ができるようになると思いますよ。

清き川に清き水流れる
心が美しい人と付き合いたければ
まず自分の心の川を磨くことです

愛情だけでつながっているのは立派です

Q お互いに納得して事実婚を選んだが、周りから「なんで結婚しないの?」と言われることに打ちのめされている……

「余計なお世話だ」って言い返してやればいいんです。世の中のルールに合わせて紙切れを出すかどうか、というだけの違いしかないでしょう、新たに戸籍をつくるっていうことは。紙一枚で結婚したからといって、幸せになる保証がどこにあります? 浮気されて別れるとか喧嘩するとか、憎み合うとか、そういった家庭がたくさんあるじゃありませんか。何年も愛情だけでずっとつながっているなんて立派ですよ。気に病むことはありません。

結婚したために不幸になった人が、世の中にはたくさんいます。「どうして結婚しないの」って言われたら、「どうしてでしょうね。あなたの家みたいになりたくないんですよ」って言ってやればいいんです。

損得勘定をきちんとして

Q 気になっている同性の友人がいる。この気持ちは友情なのか、恋なのか、宙ぶらりんのまま……

楽しめばいいんです。「それ以上に」っていうことは考えないほうがいいですね。それ以上というのは、肉体関係まで行きたいということです。相手は望まないかもしれません。少女漫画みたいに友情でストップさせていないと、悲劇が起こりますから。無理して進展させないようにしないと、相手にとって迷惑です。「そんなつもりはなかったのよ」って言われたらおしまいでしょう。せっかくの友情関係がすぐパーになっちゃいますよ。あなたが想像しているようなロマンは一気に消えてしまいます。

同性同士の友情と恋は、間違えないようにしないといけませんね。勘違いして深入りしてしまうと、恨みが残りますから。失うものがどれだけ大きいか、得るものがどれだけのものなのか、計算なさってください。

人間が人間を愛しているだけなのです

Q 年上の女性と同性愛中。交際は順調だが、このまま関係を続けていいのか……

あなたは、彼女が同性愛じゃなく異性愛のほうに行ったほうがいいってお思いですか？　それは余計なお世話でしょう。あなた自身が、同性愛を背徳的だというふうに思っているのだとしたら、それは恋愛の話とは別の問題です。それは切り離さないと。あなた自身の問題としてもう一度洗い直してみてください。そこから始めるんです。自分を救えないものが人を救うことなんてできないでしょう。まず自分を救ってください。恋愛も大事だけれど、自己の確立のほうが先。肝心の自分自身ができていないんですから。あなたは自己の確立があやふやなんです。

人間が人間を愛しただけなのです。「愛する権利」っていうシャンソンがフランスにあるんですね。それは単なる男女の愛としてそれを守り抜くのだという歌なんですけれど、私はもうちょっと進んで自分で訳したんです。

この地球のどこにも愛を禁じる権利はない。たとえ神であっても愛し合うものを裁く権利はない。人が人を愛することは罪ではないし、悪でもない。女と女、男と男、老人と若者、異国人同士が愛し合っても、人間同士が愛し合うことに変わりはない。殺したわけでも、盗んだわけでもないのだから。私はこの権利を守り抜くのだ、やっと手にした愛の権利を、あなたを愛する権利を。こういう歌なんです。

自分への誇りを持っていいんです。人間を愛していてどこがいけないっていうんです。自分達と違うからといって、それを非難する権利はない。それこそ泥棒したわけでも犯罪を犯したわけでもないんですから。だからあなたが胸を張っていれば彼女だって胸を張れるんです。

将来、相手に好きな人ができたとなったら、涙を呑んで祝福してあげたらいいじゃありませんか。その心が用意できていればOKだと思います。

自分に刃を向けるのはおよしなさい

Q 過去のいじめられた経験がトラウマに。自分には知らないうちに人を不快にさせるところがあるのか

あなたは相手に向ける刃を自分に向けちゃっている。いじめた連中が正しくて、自分が間違っているって考えるのは大間違い。いじめる連中が立派な人間だと思いますか？　自分の劣等感や最低なところを、なんとかごまかそうとして、人をいじめて、優位にあるっていうふうに自分を評価しようという、さもしい心がある。そんな連中の言うことを真に受けるのはバカバカしいことでしょう。いじめる人は、人格的に最低な人間なの。恥を知れってひっぱたいてやりたいぐらい。蹴飛ばしてやりなさい。

あなたはそういう人間じゃないでしょう。だったら胸を張っていればいいじゃないですか。いじめるやつより、いじめられるほうが偉いんです。そこを、もっとはっきり自覚しなさい。いじめられたからって自分を責める、その記憶は間違ったものだから、もう消してもいいの。今の人生に関係ない。おさらばですよ。

あれも感謝、これも感謝、感謝だらけ

モヤモヤ相談

相談者の悩みは同性の恋人を妬んでしまうこと。今の恋人と付き合う前は男性と結婚していた相談者。結婚生活では夫からのモラルハラスメントに遭っていました。

相談者　私は小さな子供のいるシングルマザーです。私には今、同性の恋人がいます。彼女はすでにほかの男性と結婚をしています。私は彼女には本当に感謝していますし、大好きで、大切な人だと思っていますが、時に、私が必死に働いて子供を育てているのに、彼女には裕福な旦那さんがいてっていう状況に、ふと、妬み嫉みの思いが出てきてしまうことがあります。また、不倫関係ということにも罪悪感があり、モヤモヤしています。

美　輪　シングルマザーということですけれど、前の旦那さんは亡くなったんですか？　それともお別れになったんですか？

相談者　離婚しました。

美　輪　原因は？

相談者　夫のモラルハラスメントです。精神的虐待とかって言われているものなんですけれども。

美　輪　どういう虐待？

相談者　子供の前で怒鳴り散らしたりとか、物を投げたり、壁を叩いたり。すべてを管理されていたので、１００円のペットボトルの水一本買うのも、もしばれたらものすごい怒鳴られて。育児は一切しない人だったんですけど、ベビーカーを使うのも彼の許可が必要だったりとか。

美　輪　ひどい。

相談者　私もだんだん麻痺してしまっていたんですけれど、子供を連れて出ていこうと決心して、それから調停などを経て、離婚が成立しました。

美　輪　それで離婚して、お子さんは？

相談者　一緒に暮らしています。1歳のときに連れて出てきました。

美輪　じゃあ、その旦那さんが怒鳴ったりなんかするのを見せなくて、よかったですね。

相談者　もう本当に出てきてよかったなと。子供が怖い思いをせずに、今とても無邪気に過ごしているので、心からよかったなと思っています。

美輪　大人になるときの人格形成に、親の姿がすごく影響している場合が多いんです。曲がったことになっちゃうと怖いことになりますから。お別れになってよかったかもしれませんね。

夫のモラハラに苦しめられていた相談者。離婚に向けて動きだすことができたのは、今の恋人が手を差し伸べてくれたからでした。

美輪　じゃあ、今の付き合っていらっしゃる彼女とはどこで？

相談者　彼女は、もともと長年レズビアンで女性と付き合ってきたらしいんですが、「なんで結婚しないんだ」っていう周りからの圧力に耐えきれなくなって、今の旦那さんと結婚することを選んだ人なんです。

美　輪　旦那さんがお金持ちなんですね。

相談者　そうです。ですけど、自分のセクシャリティーを封印したことで、適応障害になってしまって。そこから何年も気力も失って生きてきたらしいんですが、3年前に私と急接近する機会があって、私のことを好きになってくれて、そこからお付き合いが始まったっていう形です。

美　輪　急接近って、どういう仕方だったんですか？

相談者　私のとても仲の良い友人から、彼女の相談にのってあげてほしいということで、悩みを聞いたり、お互いを知っていく中で惹かれ合っていったんです。レズビアンであることを告白してくれて、私も自分の状況を話したら、「あなたは旦那さんの奴隷なの」って、もう涙を流して本当に怒ってくれて。それで彼女が周りのシングルマザーに相談して、支援センターに行く

きっかけもつくってくれて、私は家を出ることができたんです。それから
ずっと私のサポートをしてくれている感じです。

美　輪　彼女はそのまま？

相談者　私と付き合いだしてからは、一回も旦那さんのもとには戻っていなくて、悪い言い方をしてしまえば、お金のためだけに離婚しないでいるような状況になっています。

美　輪　旦那さんからの金銭的な支援があるわけでしょう。

相談者　彼女にはあります。

美　輪　彼女には。そこのところですよね。妬ましいということもあるんですか？
彼女の立場とかが。

相談者　自分とは立っているステージが違うのかなとか、うらやましいなとか、やっぱりいいなって思うことはあります。私はもし体を壊して働けなくなった場合は生きていけない。生活がかかっているので休めないんですけども、彼女の場合は別に具合が悪くなって仕事ができなくなっても、普通

に生きていけるので。

美　輪　その旦那さんのところで？

相談者　やっぱり養ってくれる人がいるっていうのは、そういう、生きていくうえでのプレッシャーが少ないので。

美　輪　幸せですよね。

相談者　いいなって思ってしまうときはありますね。

美　輪　それで、どうしたいと思うんですか？

相談者　やっぱりすごく彼女のことが好きなので、そういう背景がなければこのままお付き合いを続けたいですし、やっと巡り合えたなって思っています。

美　輪　彼女のことを愛しているんですか？　恋しているんですか？

相談者　そこが自分でもよくわからなくて。

美　輪　恋しているっていうのは、自分の思いですよ。会いたい、とにかく一緒にいたい。自分の思いのほうが大事なんです。自分の満足する気持ちをなんとしても満たしたいために相手が必要。

愛っていうのは、自分はどうでもいい。相手のためだったら命もいらないし、相手がこういうふうにしてくれって言ったら、どんなことだってやってのける。とにかく相手の役に立つんだったら、苦しくたってなんだっていいんだって、すべてが相手本位。それが愛。あなたの場合はどちらですか？

相談者 愛になりかけてきたところだと思います。

美輪 それだったら苦しみから解き放たれますよ。突き抜けるんだから。

自分を救ってくれた恋人の境遇を妬みながらも、好きな気持ちを抑えられない相談者。一方で、恋人の夫に対しても、ある思いがあると言います。

高瀬 彼女に対して、旦那さんと別れて、自分だけを見てほしいっていう気持ちがあるんですか？

相談者　彼女はもう旦那さんに恋愛感情はないので、私だけを見てっていう思いはないんですが、旦那さんを裏切った状態で、陰で私達ふたりが幸せだったら、それで本当にいいのかなと思ってしまうときがあります。

美　輪　つまり、あなたは人のものを盗んだわけです。そうでしょう。そうしたら、大きなことは言えません。向こうの旦那さんに対して申し訳ないと思うわけだから。

　彼女も自分の旦那さんを裏切ってあなたのほうをとっちゃったわけだから。旦那さんからお金だけ拝借しているわけでしょう。旦那さんにしてみれば、いい面の皮。申し訳ないですね。

相談者　申し訳ないです。彼女も、悩みに悩んだ末で、あえて夫にはカミングアウトせずに今の状態をキープして、苦しんで苦しみ抜いたうえでそれを選んでくれていると思ったら、そこに不満を持ってはいけないなって。

美　輪　それほどまでして、彼女はあなたを選んで付き合ってくれているわけでしょう。不満どころか感謝ですよね。あれも感謝、これも感謝、感謝だらけ。

相談者　本当に感謝です。命の恩人だと思っています。

美　輪　ありがたいじゃないですか。幸せなんですよ、あなたは。

相談者　幸せですね、はい。夫のもとにいた頃は、チョコレートを買おうとしたら「甘いものを食べたければハチミツを舐めればいいだろ」とか言う夫だったんです。今、普通に自分でコーヒーを買って飲めたりとか、チョコレートを買って食べられたりとか、子供とアイスを食べに行けたりとか、そういうのはもう本当に、すごい幸せだなって思います。

美　輪　その幸せをあなたが味わうために、前のひどい生活があったんですよ。だから前の不幸せも、幸せを感じるためのひとつの手段だったとお思いなさいね。

相談者　あー、そうですね。あの夫がいなければ、彼女とも恋人関係にはなれなかったかもしれないですし。

美　輪　そうですよ。黒があるから白が目立つんです。

黒があるからこそ
白の白さがわかる
悲しみや苦労を体験した人ほど
白の白さがわかります

第3章　家族というもの

Q 一番欲しいものがいつも手に入らず、これから先のことも諦めてしまいそうになる……

人間は、夢を見ている間が一番幸せ

欲しいものが全部手に入ったらどうなると思います？　虚脱状態になるんです。私はそういう方にたくさんお目にかかったことがあります。ある方は大金持ちで、欲しいと思ったらなんでも手に入るから、欲しいものがないんです。でも、人の愛だけはどうしても手に入らないって言うんです。自分のことを愛してくれる人が日を追うごとに、自分を通り越して後ろにあるお金を愛するようになる。それが何度か続いたそうで、愛なんていうのは信じられないと、人間不信になってしまったんです。ですから私は、あれが欲しい、これが欲しいと言っているうちが花なんだなと思いました。

あれもこれもって夢を見ている間が一番幸せなんです。手に入れるために努力しようと思うでしょう。ただ、なにもしないでっていうのは図々しいですね。人間には向き・不向きというものがあります。一番向いている自分の姿はどれだろうって、冷静に計算し直してください。感情的になったらなにも手に入りません。

言葉はあなたそのものです

Q 「親ガチャ」という言葉が頭から離れない。それで人生が決まるのかと思うと、悶々としてしまう……

親だって好んで貧しかったり、学歴がなかったりするわけじゃない。自分がそういう親のもとに生まれてきたということは、それだけいろんな因縁があるんです。

仏教の考え方で「輪廻転生」といって、生まれ変わり、死に変わりして、男になったり女になったり、無能になったり有能になったり、いろんな人間に生まれ変わるんです。そして、最後にはそういうものから全部切り離されたところで、お釈迦様みたいに一切の悩み、苦しみから解き放たれる、そういう人生に生まれ変わるんです。こういったことをお勉強なさると、「親ガチャ」という言葉がいかに下品で、いろんな事物を知らない人間が言う言葉だということがおわかりになると思います。

言葉はあなたそのものです。下品な言葉を使っていると、その人の品性もそうなりますから、お気をつけください。

あなたを非難する資格のある人など、どこにもいません

モヤモヤ相談

相談者の悩みは、「風俗店で働いていたことに後ろめたさを感じている」こと。未婚のまま子供を産みましたが、相手の男性からは養育費をもらえませんでした。経済的に一番苦しかった時期の経験です。

相談者　私は小学校高学年の息子を育てるシングルマザーです。子供がまだ小さかった頃、体が弱く熱も出しやすかったので、仕事を休みがちになって、生活が苦しくなってしまいました。それで、1年ほど風俗のお店で働いていたことがありました。今、子供が大きくなって、その息子に対して胸を張って言える仕事をしていなかったということで罪悪感だったり、後ろめ

たさだったり、常に黒いモヤモヤした霧のような感覚で過ごしています。どうやったら自信を持って胸を張って生きていけるのかという相談をさせていただきたいと思っています。

美輪 大変でしたね。生活のほうは大丈夫なんですか？

相談者 今もパートを転々としなくてはいけない状況で。子供も大きくなってきたので、夜のコンビニなどでも働いて、本当に時間が許す限り働いてます。

高瀬 そうやって必死に育ててこられて、その中でひとつの仕事先として風俗店を選ばれたというのは、お給料の面でということだったんですか？

相談者 はい、子供が熱を出したときはパートを休まなくてはいけないし、そのぶんお金も減ってしまうので。

美輪 いろいろ苦労なさったんですね。どんな思いでしたか？

相談者 子供に対して胸を張って言えるのかって問われたら、言えないっていう。子供の前では明るく振る舞っているつもりなんですけれど、もしかしたらそういう、モヤモヤしたりクヨクヨしたり、罪悪感や後ろめたさを持っている部分がどこかで出てしまっているかなって感じるときがたまにありまして。

そんな相談者に、美輪さんは、少し視点を変えてみては、とアドバイスします。

美輪 歴史を知らない人がいろいろ非難するんです。浅草のほうに吉原ってあるでしょう。あそこに有名な遊郭があったんです。遊郭というのは男の人が女の人を買いに来るわけです。それで一夜を共にするんです。その中でもナンバーワンの売れっ子を花魁《おいらん》といって、歌舞伎には花魁道中が出てくる演目が今でもあります。それぐらいに、風俗といってもバカにされていなかったんです。

長崎に丸山遊郭と呼ばれる花街があって、私の家はそこの一角でカフェーや料亭を経営していたんです。幼い頃から、悲劇をたくさん見てきましたね。女郎屋さんに田舎の子が売られてくるわけです。昔は人身売買が当たり前でしたから。なんてつらいことだろうと思いました。遊女達は、家賃を払うのがやっとで、その苦しさったら悲惨なものですよ。売るものが裸しかない。そういう人の身になってごらんなさいって。どれだけ苦しい思いをしているのかを世間は知らなすぎます。ですから、悪いことをしている、恥ずかしいことをしている、ただそういう目で見るのは、私はやめていただきたいと思います。そう思いませんか？

相談者　そう思います……。

美　輪　あなたが勤めていた風俗店でも、悪人ばかりがいたわけじゃないでしょう。働いている方達も本当に一生懸命でしたし、すごい苦しいんだろうけど、みんな笑顔で頑張っていて。なので罪悪感を持っていることを申し訳なく思ってしまったり、その苦しみもありました。お客様も心からいろいろ気にしてくださって、本物か偽物かはわからないけど、すごい愛情をたくさんもらいました。

美輪　そういう人達が、差別のない優しさをくださる。ありがたい。そういった人達が支えですよね。

相談者　本当に支えてもらいました。

美輪　一生懸命に生きている、そういう姿っていうのは、よくわかりますよ。

ここで美輪さんが指摘したのは相談者の悩みの核心でした。

美輪　でも、お子さんが世間のいろんな価値観に流されるのが怖いんでしょう。

相談者　はい。風俗のお店で働いていたことがばれてしまうことを恐れていて。

美輪　お子さんがもっと大きくなったらわかってくれるようになると思いますよ。今は堅気の仕事をしていらっしゃるでしょう。

相談者　今はそうです。

美輪　それでいいじゃないですか。わかってしまったとしても、どれだけ生きることが大変だったか。家賃も払えないし、ご飯も食べられなかったのって話をしたら、わかってくれると思いますよ。職業に貴賤はないですからね。気構えがきちっとしていて、誇りを持っていれば、尊い仕事とか尊くない仕事とか、そういうものはありませんから。

相談者 正直に話してみたいと思います。

美輪 向こうからそういう話を持ちかけられなければ、こちらから話すことはありません。秘密にしておくことに罪悪感を持つ必要はこれっぽっちもない。

高瀬 いつかそのときが来るかもしれないと。そのときにはしっかりと向き合って話をする。その準備だけはしておくということですか?

美輪 そう。変な劣等感を持たないこと。あなたを非難する資格のある人など、どこにもいません。それとさっき言った風俗の歴史。花の吉原が出てくるお芝居がありますから。花魁道中なんて格式高い綺麗なものです。もし上演されることがあったら、お子さんを連れて見に行くといいですよ。

相談者 わかりました。自分も偏見の目で見てたんだなって、気づかされました。

美輪　そうでしょう。世間というのは、なにも調べないで軽はずみなものの言い方をするんです。人類の歴史を調べてみれば、ちゃんと必然性があってできたものだということがわかってもらえますからね。

高瀬　お子さんは、頑張るお母さんをよくわかっていると思うんですけれども、そういう姿に対してなにか声をかけてきたりしますか。

相談者　仕事に行く前に「頑張ってきてね」と言ってくれたり、帰ってくるのを楽しみに待っててくれたりするのが私は嬉しいです。

美輪　ひとりで待っているの？　偉いですね。

相談者　そうですね、本当に助かっています。

美輪　そのときに、うんと優しい感謝の言葉や褒め言葉をたっぷりあげてください。留守番しててよかったという気持ちになりますからね。

相談者　わかりました。たっぷり伝えたいと思います。

美輪　人から後ろ指をさされるようなことなど、あなたは一切していない。大丈夫。

悪口を言われたら
柳に風と聞き流す
送られた悪い念は
相手に戻り、暴れます

自分にも愛情を注いでください

Q 毎日、子供に怒ってばかりの自分が嫌になる……

「銀《しろがね》も金《くがね》も玉も何せむにまされる宝子に如《し》かめやも」。山上憶良《やまのうえのおくら》の有名な歌です。銀だろうが金だろうが、どんな宝物だって、どうせ死ぬときにはほかの人のものになる。だから、なんにもならないんだけれど、子供は延々と命をつないでいくし、親の面倒も見てくれるだろうし、国の栄える栄えないも子供次第。大変なエネルギーを持っているんだから大事にしましょうねっていう歌です。子供は騒ぐし、言うことを聞かないし、心配も多いけれど、「いずれお願いしますね」という気持ちで見守ってあげてください。苦労して育ててあげたら、かならず子供が返してくれます。

それでも、そういう発想の転換だけではダメなときは、ご自分にも愛情を注いでください。カラオケに行くなりして、「私は、こんなに頑張ってるんだー!!」って怒鳴ればいいじゃありませんか。自分が自分の味方にならなかったら浮かばれないでしょう。「子供のためなら、エンヤコラ。もひとつ、おまけにエンヤコラーイ」って歌ってりゃ気持ちいいですよ。自分を解放できる時間を持ちたいですね。

特別が欲しいんです。揺るぎのないものが

モヤモヤ相談

相談者の悩みは、「高校生の娘と、血のつながりがない妻の仲が悪いこと」。娘が幼いときに先妻を病気で亡くし、再婚した相談者。今の妻との間にも息子を授かりました。次第に、娘に対する妻の態度が厳しくなってきたと感じて、モヤモヤしています。

相談者　私は娘が2歳のときに妻を亡くしまして、その後、縁あって今の妻と再婚しました。妻との間にも子供を授かったんですが、その子が生まれてからは、妻の娘への態度がだんだん厳しいものとなり、先日、娘のことが大嫌いだと言われてしまいました。私はどうしていいのかわからず、相談しようと思いました。

美輪　娘さんはいくつになられました？

相談者　16歳です。

美　輪　再婚したのは、物心がつくかつかないかのときですね。それで、どういうふうに仲が悪いんですか？

相談者　息子を授かってから、だんだんと、妻が娘のことをにらみつけたり、一緒に出かけなくなりました。ご飯はつくってくれるんですが、一緒の食卓につくこともないです。

美　輪　娘さんは？

相談者　「お母さんは料理の天才だ」と褒めて食べています。だけど食べ終わると、おじいちゃんとおばあちゃんのいる別棟のほうに行くので、「なんでそっちに行くの？」って聞いたら、「居心地が悪いから」と言っていました。

美　輪　娘さんのほうは協力的ですね。

相談者　そうですね、気を遣っていると思います。

……**相談者の家には、別棟があります。以前は両親が暮らし**

ていましたが、父はすでに亡くなり、母は施設に入りました。娘は現在、食事のとき以外はその別棟でひとりで暮らしています。

美　輪　おじいちゃんとおばあちゃんはどうなさっているんですか？

相談者　父は亡くなり、母はちょっと認知症の症状が出てきたものですから施設にいます。

美　輪　娘さんが今いるのは、独立した部屋ですか？

相談者　別棟になります。最初はひとり暮らしみたいで楽しいという感じで行ったんですけれども。

美　輪　それじゃ、隣のおうちの人と同じですね。ご夫婦と弟さんはどこで寝ているんですか？

相談者　一緒に寝ています。娘から寂しいということを訴えられてからは、一日おきに行ったり来たりするようになりました。

美輪　娘さんはまるっきりひとりじゃないわけですね。じゃあ、父親の愛情は揺るぎがないっていうことはわかったんですね。

相談者　はい、「大好きだよ」とか、「愛してる」とか、常に声をかけています。

美輪　奥さんには「愛してる」っておっしゃるんですか？

相談者　なるべく愛情を伝えるようにはしています。

美輪　やっぱり女同士ですね。奥さんに、愛情に差があるということを伝えたことがあります？　男と女の愛と、父親の家族に対する愛は別なんだと。

相談者　そういうふうに伝えたことはなかったです。

美輪　「息子も娘も、とても愛情を感じて可愛い。だけどそれ以上に、君にだけは、愛情じゃなくて恋心を持っている。だから君のほうが、僕の愛情を独り占めしているところがある」と。

相談者　なるほど。妻は僕の愛情が全部、娘に向かっているっていうふうに。

美輪　思ってるんでしょ？

相談者　「娘さえいればあなたはいいんでしょう？」と言われて、「親として娘を一人前に育てなきゃならない責任があるし、もちろん愛してはいるけど、それは子供に対する愛であって、息子にも同じ愛情があるんだ」って言ったことがありますけど、妻に「特別」だと伝えたことはないです。

美　輪　その「特別」が欲しいんですよ。揺るぎのないもの、言葉を。たびたびおっしゃったほうがいいと思います。「君は『恋』と『愛』の両方、独り占めにしてるんだよ」と。そうすると安心すると思うんです。そうしたら、娘さんを見たときに、自分のほうがこの人に倍ぐらい愛されているんだというふうに確信を持てるから。

優位者の立場にあるということがわかれば、弱者に対する優越感で、優しくできるようになるんです。あなたの口からはっきりと、そういうことをおっしゃっていただけなかったから、悪いほうへ、悪いほうへ考えるんです。

相談者　なるほど。なんか光が見えました。

美　輪　奥さんもちょっと気が強いんでしょう？

相談者　そうですね。

美　輪　気が強い人ほど、そうなるんです。取り合いは私の勝ちだと思わせるように持っていくと、だんだん雪解けになると思いますけどね。

相談者　努力してみます。

美　輪　家族というのは全然違う人間の集まりですからね。みんな一緒だと思ったら大間違いです。頑張ってください。

いいじゃありませんか、早く育ったんだから

モヤモヤ相談

一人娘を何不自由なく育ててきたつもりだった、シングルマザーの相談者。しかし娘さんが内緒でキャバクラで働いていることを知り、自分の子育ては間違っていたのではないかとひとり悩んでいます。

相談者 私は一人娘を育てているシングルマザーです。少し前に娘の様子がおかしいので調べてみたら、風俗店で働いていることがわかりました。お店のホームページに下着姿で載っていて……。

美輪 ショックを受けた?

相談者 はい。それで娘に問いただしてみたんですけど、「勤めてはいない。ただ写真を貸しただけだ」と言われました。何度話し合いをしても、その一点

張りだったんですけど、あるとき親戚の方から「娘からお金を無心されている」と言われました。

美輪　いくらほど？

相談者　15万円です。びっくりして、少し前に娘がお友達に誘われて、ホストのお店に行ったことを思い出しました。それでお店の男の方とお付き合いするようになったという報告を受けていたんですが、お金のためにそのお店で働いているのではないかと心配で……。

美輪　娘さんはおひとり？

相談者　ひとりです。

美輪　じゃあ親子ふたりきり。

相談者　はい。どちらかというと真面目なタイプで、ヤンキーという感じではないんですが、数少ないお友達にホストクラブに連れていってもらって、そこで意気投合したという感じです。

高瀬　親戚の方にお金を無心しているというのはちょっと引っかかりますね。それは今もですか？

相談者 今はもうしてません。私達のことをいろいろ気にかけてくださっている方なので、お金は私のほうからお返しして、娘からきちっと返してもらいますということで許していただきました。

美　輪 娘さんは、あなたに苦労をかけまいとして親戚の人にねだったのかな？

相談者 そうかもしれないと思いました。

高　瀬 親子の会話自体は普通になさっているんですか？

相談者 日常のこととか、彼の話も少しずつするようになっていたんですが、風俗店で働いているとか、そういった核心の部分になると、急に口をつぐんでしまって、なにも話さなくなります。

美　輪 それに対して、あなたはどんなふうに怒ったんですか？

相談者 「自分の体を傷つけるようなことはやめてほしい」と言いました。

……問題の核心について、娘と話ができないことにもどかし

さを感じている相談者。美輪さんは、親子の関係性をきちんと把握しないと娘に言葉を届けることはできないと諭します。

美輪　あなたとお嬢さんは、江戸時代と昭和ぐらいかけ離れちゃっているんですね。大人と子供が逆転しているんですよ。娘さんは、ホストクラブに行っていろいろ貢いだり騒いだり、男遊びをして、手練手管《てれんてくだ》も全部覚えている、すれっからしの女で、大人なんです。お母さんのほうが世間知らずの娘さんみたいですよ。だから、あなたが意見したりなにかおっしゃっても、娘がお母さんに向かってお説教をしているのと同じ。

お嬢さんはあなたの数メートル先を歩いているということ、人生の。世の中の酸いも甘いも噛み分け始めた。だから、しっかりしていると言えばしっかりしているし、頼れると言えば頼れる。

相談者　もうずっと娘のことを頼って生きてきたので、本当に……。

美輪　頼ってってどういうふうに？

相談者　つらいことがあっても娘に聞いてもらって、「ママ大丈夫だよ」って言ってもらったり、娘がいてくれることで精神的にすごく救われていた部分があるので。

美輪　泣いたり嘆いたりしているところを、お嬢さんに見せたり、打ち明けたりしたんですね。

相談者　そうですね。ずっとそういうふうにしてきてしまいました。

美輪　大人になっちゃったわけ。

相談者　私がさせてしまいました。

美輪　フフフ（笑）。いいじゃありませんか。早く育ったんだから。付き合っているのが風俗の男だからといって本気じゃないとは言えませんし、悪い男ばかりじゃないでしょう。黙って、静観していらしたら？　娘さんは勝手に勉強しますから。お嬢さんは頭が良さそうだから、自分で結論を出すと思いますよ。

相談者　そうですね。信じたい気持ちはあります。

美輪　一番肝心なのは、お母さんと娘というより、親友同士というふうに持っていったほうがいいですね。親友にはなにもかも、親に話せないことを話すでしょう。「どうしてそんなみっともないことを」なんて言って、親というものをチラつかせると、子供は秘密を持つんです。親友のひとりになれば、いろんなことを話したり、相談してくれるようになりますよ。

相談者　そうですね、はい。

美輪　もちろん、愛し合っている親子は結構なことです。ただ、母親と娘が逆転しているのは困るから、せめて同い年の仲間ぐらいにはなってあげてくださいさい。周りから「あの子のお母さん、ぶっ飛んでる」と言われるようになればしめたものですね。頑張れ。

こんな世の中を生き抜く武器は
愛の言葉しかありません
この世のすべての問題を解く鍵は愛です
愛があれば戦争なんか起こりません

あなたを救うのは、あなた自身です

Q 「ギブアンドテイク」が口癖の夫。最初は聞き流していたが、嫌悪感を抱くようになってしまった……

あなたは勘違いしていらっしゃる。オレが食わしてやってるんだから黙ってついてこい、もっと感謝しろ、そういうとり方をなさっている。そうじゃないんだとお思いになったほうがいい。ご主人は自信がおありにならないんです。だから、自分のしたことを褒められたい、認められたいっていう心持ちで発言しているんです。だから、奥さんの前ではそう言っているけれど、よそではそうは言えませんよ。身内にだったら威張ってても認められるだろう、そういう気持ちが切ないですね。

でも、それを口に出したらダメですよ。大喧嘩になりますから。深く考えずに、「はいはい、あなたあっての私達ですよ」って言うだけで結構。ご主人は家が極楽だと思うから、可愛いもんです。「よそで認められたかったのを、うちの中で発散してるんだな。好きなだけ感謝しているようなことを言ってあげましょう」っていう思いであればいいんです。あなたの幸せは、あなたの演技力にかかっています。

想像力がなさすぎます

Q 麺類をすごい音ですする夫にうんざり。どうやり過ごしたらいいのか……

それだけ家庭を大事にして、信じているっていうことです。安心して、身を委ねるつもりで、大きな音で精一杯、味を楽しんでいる。音を立てて食べても、みんな許してくれるし、受け入れてくれている。奥さんがつくったそばは美味しいよ、そういう無言のメッセージなんです。

なんでも音を立てて食べるのは、よくないですけど、安心して召し上がっているんだから、それを嬉しそうに眺めるのが妻の目線でしょう。顔をゆがめて冷たい目でにらみつけているのを想像してごらんになればいいんです。いかに醜いかっていうことがおわかりになりますよ。

心の中で相手をバカにしながら一緒に食事をする人を、あなたはどう感じますか？他人のマナーに対して、自分自身が傲慢になっていないか。ご自身についても謙虚に考えたほうがよろしいのではないでしょうか。

「自分は悲劇の主人公だ」なんて図々しい

モヤモヤ相談

相談者の悩みは、「長年、不仲なままの夫」です。夫とは、会話はもちろん、目を合わせることもほとんどありません。子供はすでに独立。思い切って離婚したほうがいいのか、モヤモヤしています。

相談者　今年60歳になります。結婚して30年ぐらい経ちますが、2年目ぐらいから、ちょっとこの人じゃなかったのではと思い始めて、ここまで至りました。主人はどちらかというと無口で言葉も足りない感じですので、会話を楽しむっていうことはほとんどできない。

美輪　出会いは？

相談者　職場です。

美輪　そのときは愛していたんですか？　好きだと思いましたか？

相談者　実は長く付き合っていた人と別れて、そのとき28歳だったので、そろそろ結婚したいなと。そんなときに向こうから言われまして。自分が想って結婚するより、想われて結婚するほうが幸せかなと思って決めたっていう……。すごく好きで結婚したわけではありませんでした。なんとなく合わない、好きじゃないっていうことで、自分の意思で決めた結婚をやめてもいいのか、踏ん切りがつかないでずっとここまで来てしまいました。

美輪　どちらのほうに非があると思います？

相談者　もちろん私にあると思います。私のわがままだと思います。

美輪　どういうところですか？

相談者　もうちょっとうまくやれるように気を遣うなり譲歩するなり、関係を構築する姿勢が足りなかったと思います。その努力をするより、外に気持ちを向けていたかなと思います。

美輪　肉親であろうと誰であろうと、人と一緒に暮らすにはそれなりの工夫を、子供でさえ考えますよ。それが足りなかったっていうことですか？

相談者　……かなと思いました。

美輪　じゃあ、どうしたらいいんでしょうね。

相談者　正直、今のままでもなんの波風も立たないんです。かといって、ハグし合うような関係でもないし、余計なことは言わない、しない、シェアハウス状態。

美輪　だけど、結婚生活ってそれでしょ？　初めは愛し合って、毎日2回も3回もセックスしていたのが、週に1回になり、1か月に1回になり、2か月に1回になり、やがてなくなって、謎の下宿人同士になる。それが結婚です。

相談者　でも、それでいいのかなと……。友達には「そんなんだったら別れてひとりになっちゃったほうが、ラクじゃない？」と言われるんですけど。

美輪　無責任なこと言いますね。

相談者　そうかなーって思ってみたり。

美輪　ひとりの孤独な家でもつと思いますか？　もし病気になったらどうしま

す？　誰がどうやってなにをしてくれます？

相談者　逆だと嫌だな。

美　輪　はい？

相談者　向こうが病気になって、私は面倒見られるかなっていう……。

美　輪　あなた、そればっかり。してもらうことばかり考えてる。女として、愛しい妻としてやらなきゃいけないことをなんにもしなかった。仕事ばかりやって、文句ばかりブツブツと心の中で言って、幸せな人生ですね。

相談者　おっしゃるとおりです。ほんとに。ただ、この心の満たされないモヤモヤ感はどうしたらいいですかね。

夫はすでに退職し、ずっと仕事に打ち込んできた相談者も今年、定年退職しました。しかし、相談者は、今も週3日仕事をしていて、夫とは距離をとっています。

美輪　それで、ご主人の側の心持ちもいろいろあるでしょうけど、それに対してなにか感じることはありますか？

相談者　腹を割って話すことが本当にないので、彼が今なにを考えているかもわからないです。

美輪　聞いたことはありますか？

相談者　ないです……。世間的には私のほうが強くて、主人を尻に敷いているっていうイメージなんですけど、家ではむしろ、物言わぬ主人の圧がすごくて。

美輪　仕事を増やしたらどうです？

相談者　そうですね、そうしたら家にいなくて済みますもんね。

美輪　家にいたくないっていうのは感情でしょう。だからご主人をそこに引きずり込まないほうがいいですよ。憎しみという変な感情が生まれるから、余計なことを考えるようになるんです。ご主人はそれと一切関係ありません。迷惑なことです。

相談者　そう思います。

美　輪　あなた自身の問題なんです。時間の処理の仕方。流行りの孤独症っていうやつです。自分の心のあり方、身のふり方、どうしたらいいのか、みんな迷い子になっているんです。

相談者　そうですね。残りの人生をどう味わっていくのがいいのか。

美　輪　まずやってみることです。楽器を習ってみたり、踊りを覚えたり、いろんなものを栽培してみたり裁縫を始めたり。自分に向いているか、向いていないか、新しい発見があるかもしれないでしょう。ご主人も見直してくれますよ。

相談者　今は距離をとっているのが一番心地いいのかもしれない。

美　輪　あなたがなにかを始めると、精神的な距離は縮まってきます。温かいものが通い始めます。文化のない家には冷たい風が吹くんです。

　そして、家の中の色調を明るくすること。黒やグレーは避けたほうが賢明です。不安や焦燥に駆られる悲しみと苦しみのパワーが、黒とグレーという色に表れるからです。そうなさっていますか？

相談者　いえ、本当に気持ちが外にしか向いてなかったので。家はただ食べて、寝てっていう。

美　輪　ダメですよ。お花が一輪あるだけでも違います。花の命がエネルギーをくれますから。そうすると、楽しい我が家になるんです。地獄か極楽かは胸三寸にあり。自分次第で極楽にも地獄にもなる。極楽浄土は自分がつくるんです。

相談者　エネルギーをもうちょっと家庭に向けたほうがいいですよね。

美　輪　ニッコリ笑っておはようって言うだけでもいいんです。せっかく、この地球上の何十億っていう人間の中で出会ったんですから。その出会いは大事にして、とにかく柔らかく、可愛らしく、趣味の人でいれば、そこから運は開けていきます。考えると楽しいでしょう。ご主人も帰ってくるのが楽しみになりますよ。

相談者　そんなに積極的に帰ってこなくてもいいんですけど。

美　輪　いちいち全部マイナスに、とげとげしく受け止めないこと。それがいけないんです。味わいあるものを否定して考えるのはもったいない話です。

相談者 本当に、感謝の気持ちが自分には足りてないなって思いました。

美　輪 足りないところだらけですよ。今、私が言ったことを実行すれば、ご主人も変わってきますよ。

相談者 はい、今日ここに来るまで、なにがダメだったんだろうって、いろんなことを考えながらきて……。

美　輪 自分のことはなかなか見えないんです。灯台もと暗しで、遠くから見ることができると、ああそうかって見えてくるんです。頑張ってください。

愛してくれたんだから あなたも愛を返すべきです

モヤモヤ相談

仕事を優先し、家庭のことを任せきりの夫が許せなくなり、家から追い出してしまった相談者。たびたび喧嘩になり、離婚しようと口走ってしまうことにモヤモヤしています。

相談者　私は30歳で、看護師をしながら3歳の娘を育てています。実は今、夫と別居中です。きっかけは、娘を出産した後に、私も初めての育児で不安だらけだったんですけれども、夫は仕事優先で、家庭のこと、子供のことをすべて私に任せっきりだったことに対して不満がどんどん溜まっていき、許せなくなってしまって、週末だけ家族3人で会うっていうのを2年間続けています。私もいろいろ考えて不安になったりすると、たびたび夫と喧嘩になったりするんですが、そういうときに感情的になって、つい「もう離婚しよう」って口走ってしまうことがあって。どうしたらいいか、悩んでいるところです。

美輪

子供を育てるのは本当に大変だと思います。私も、実の母は私が2歳のときに脳腫瘍で死んだんです。二度目の母も、私が9歳のときに亡くなって。そのときに、二度目の母の残した子供が3人いて、夜中でも泣かれると私がおんぶしたり、だっこしたりして。だから、あなたのご苦労はわかります。

子供は目が離せないでしょう。どこでなにしているかわからないんですもの。でも、それが嫌だったら子供を産まなければいいんです。覚悟しないで産む方が多いけれど、産んだ以上はその子供の全生涯に責任を持たなきゃいけないんです。

その責任持つ・持たないは、母親としての愛がそうさせるかどうかです。あなたの子供さんに対する愛はどうなんですか？

相談者　本当に子供がいるから仕事も頑張れるし、子供がずっと健康で幸せになってほしいと毎日思います。

美　輪　そう。ご主人はどうなんですか？

相談者　夫は週末に来るときは思いっきり子供と遊んでくれますし、子供のこれやってほしい、あれやってほしいっていうのもちゃんと聞いてくれて怒鳴ったりもしない、諭し方もすごくうまいなって思います。

美　輪　じゃあ、別れるのはやめなさいよ。ほかにあなたの子供さんにそういうことをしてくれる人が出てくると思います？

相談者　思わないです。

美　輪　ということは、まだご主人のことを愛していますね。じゃあ、なにも別れる筋合いないじゃありませんか。また、一緒に暮らせるようにする？

相談者　それが……一緒に暮らせるようになるには、私がすぐ不安になったりヒステリックになりやすかったりするので。

美　輪　どういう不安？

相談者 子供のことで、こうなったらどうしようとか、先のことに対して不安を抱きやすくて、そういったことを話したときに、軽くあしらわれたり、「なんとかなるよ」みたいに言われたりすると、腹が立ってしまって。

美　輪 一緒に泣いたり喚いたり、ヒステリーを起こしてほしいんですか？　もっと不安になるでしょう。

相談者 解決を求めているんじゃなくて、気持ちを受け止めてほしいなと。

美　輪 受け止めているじゃないですか。「なんとかなるよ」っていうのは彼なりの受け止め方なんです。一緒になって「どうしよう」って言ったら、あなたは満足なの？

相談者 困ります。もっと不安になってしまうかも。

美　輪 そう、もっと不安になるでしょう。彼なりに考えた末に「なんとかなるさ、大丈夫」って言うのは、ほかに方法がないから。そう言いながら、いつの日か、いい方法を手にするもんなんです。

自分の中に、夫への愛が残っていると気づいた相談者。しかし、仕事を優先する夫への不満はなかなか解消されません。

美輪　そのほかにどんな欠点があるんですか？

相談者　仕事を熱心にやっているぶんを、少しでもこちらに向けてもらえたらって。

美輪　わがまま。あなたを少しでも心配させないように頑張ってくれているんです。あなたには愛の深さが足りないんです。

相談者　そうですね。今日も、夫が子供を見てくれています。

美輪　ありがたいじゃないですか。当たり前のことだけれど。

相談者　ここに送り出してくれるときに、僕は怒られてしまうんじゃないだろうかとか、自分の直さなきゃいけないことがあるなら聞きたいって言ってましたけど、今お話を聞いて、私自身が変わらなきゃって。

美輪　あなたの今の涙はなに？

相談者　なんか、だんだん……。

美　輪　ご主人が可哀相になってきたんでしょう。

相談者　そうですね。いろいろ求めすぎているなというふうに思いました。

美　輪　ご主人はあなたを大きな愛で包んでいるんです。それなのに赤ちゃんみたいに、わがままばかり言っている。私がご主人だったら蹴飛ばしますよ。

高　瀬　正直ちょっと意外でした。聞いていると、家庭を顧みない夫っていう単純な構図で見てしまっていましたが、ご自身の気持ちの深さ、理解の深さっていうところが、実は一番の突破口だということなんですね。

美　輪　そう、せっかくご縁があって一緒になったんだから。

魔法の言葉を教えましょう。なにか言うたびに、最後はルンルンって言うの。「私のこと好き？　ルンルン」。怒るときも、「なに言ってんのよ！ルンルン」って。

相談者　どんな言葉に対してもルンルンって言うんですか？

美　輪　そう、なんでもかんでもルンルンっていう言葉をくっつけちゃうと、明るくなるでしょう。男が一番嫌がるのは重い女。いろんな意味で重いのはダメ。こいつと一緒にいたら気軽で楽しいなって思わせたら大成功です。

相談者　今日は夫の愛を知ることができたので、この先、夫に対してまた不満を抱いたりイライラすることがあっても、愛想よくルンルンって言葉を使いながら、夫にも子供にもたくさん愛を伝えていきたいなって思いました。

美　輪　よくできました。苦しいときこそ、「ルンルン」と口ずさんでください。そう言っているうちに、プラス思考になり、冷静になる瞬間が生まれますよ。

人生の修行は続きます
きっぱりあきらめて
生きる覚悟を決めましょう

愛がなくなったのではない

Q

子供が生まれてから、妻とセックスレスに。求めてくれないことがとても不安……

奥様はあなたに対して異性を感じなくなっちゃった。身内からセックスをねだられたとしたら、疎ましいし、気持ち悪いでしょう。それと同じ。お互いにセックスアピールを感じるなんて、無理でしょうね。でも、それが当たり前。普通は、お互いに彫刻になっちゃうんです。人の形はしているけれど、男臭さとか、女臭さは消え去って、善良な人間同士。これが普通のよくある夫婦です。奥様はそれになっちゃったんです。

ひとつ屋根の下にふたり以上の人間が暮らすということは、忍耐と努力と諦め以外のなにものでもありません。

わずかな可能性は優しさです。過保護なくらいに大事にしてくれる優しさ。それに女性は弱いですから。野性的な男が好きだっていう人もいますから一概に言えませんけれど、奇跡を起こしていただければと思います。

ご主人の人生はどんなだったと思いますか？

Q

「ありがとう」と「ごめんなさい」が言えない夫に困っています……

ご主人が、なぜそうなったのかを分析してみればいいですね。やっぱり、子供の頃からのしつけです。育った家庭で親御さんになにか問題があったのでしょう。普通、親が子供に言葉を教えますよ。「こうしたら、『ごめんなさい』って言うの」、「こうしたら『ごちそうさま』って言うの」、「こうやってもらったら『ありがとうございます』って言いなさい」と教えるでしょう。それがなされていなかったということは不幸な家庭だったと思うんです。そういう歴史があるんだってお思いになったら、許せるんじゃないんですか。

もしご主人のことを男として嫌いになったのなら話は別ですが、良いところもあるということでしたら、見逃していただきたいと思います。ご主人がいる前で、子供に「こういう場合は『ごめんなさい』と言うの」、「『ごちそうさま』『ありがとう』って言うの」と聞こえよがしに、面当てがましく言うのはやめてください。

自分に対するプライドがなければ自分が可哀相

モヤモヤ相談

相談者の悩みは「今の自分に虚しさを感じる」こと。社会復帰するつもりでしたが、夫に説得され2人目を出産。結局、家事と育児に追われるだけで、思うように働けていない人生に、モヤモヤしています。

相談者　私は働くことがとても好きだったので、子供をひとり産んだ後は、また再就職して、社会に復帰しようと考えていたんですけれど、上の子供が大きくなってきたところで、「もうひとり、どうしても欲しいな」って夫が言って。説得されて、もうひとり産んだんです。それで、確かにとても幸せなんですが、仕事をしたかったのに復帰できていなくて、家事・育児の負担もほぼ私ひとりで。

美　輪　計算違いしちゃったわけですね。

相談者　そもそも、計算をちゃんとしていなかったのかもしれないです。結婚して仕事ができなくなるとは考えていなかったですし、もっと夫が協力してくれれば、私にもできるって今でも思っているんですけれども。

美　輪　ご主人がおっしゃったんでしょう、「もうひとり欲しい」って。それで、あなたはＯＫなさったわけですね？

相談者　「年齢的にも今しか産めないよ」とか説得された後に、承諾しました。

美　輪　説得された後にっていうのは、ご主人に責任があるという言い方ですね。

相談者　フフ（笑）

美　輪　ご主人は優しい？

相談者　はい、とても優しいです。温かい人で、ずっと話していたい感じがする人です。

美　輪　家事は手伝わないんですか？

相談者 なんでもやってくれるんですけれど、平日は朝から晩までまったくいないですね。

高瀬 そういった不安とか、モヤモヤした気持ちについて、ご夫婦で話し合ったりなさいますか？

相談者 はい、我慢できなくなったときに気持ちをぶつけたりして。でも、「今の働き方は変えられないからごめんね」とか、「役割分担してるじゃないの」っていうふうに言われることがあって、その〝役割分担〟っていう言葉にすごく腹が立つんです。働くのは夫のほうで、そのほかが私。その立ち位置は代わってもらえない。なんか虚しいって思うんです。

美輪 退屈じゃないでしょ？　子供さんがいるんだから。

相談者 下の子供に生まれつきの疾患がありまして、普段の生活に支障はないんですが、定期的に通院したり、なにかと手がかかるような感じです。

美輪 子供はみんな手がかかりますよ。あなただってそうだったでしょう。面倒を見てもらって、手をかけられながら育って、今現在いらっしゃるわけでしょう。人間はお互いさまです。

2人目の子供に付き添って定期的に通院している、相談者。普段は子供を保育園に預けていますが、働く時間が制限されるため、なかなか充実感を得られていません。

高　瀬　今、パートをなさっているんですね。

相談者　ちょっとしています。でも、週3日働いても、5分の3じゃなく、5分の1ぐらいの実感で。フルタイムで働くのとは全然違うなって思います。夫のことも、子供達のこともすごく好きなんですが、外での経験と家での経験ってまったく別だなって思うんです。

美　輪　じゃあ、どうしたらいいと思います？

相談者　夫が仕事を変えたりしてくれたらとは思うんですけど、今の会社で頑張って、嬉しそうにしているので、夫のほうのやりがいも諦めてほしくない。

けれど世間と比べてしまって、働いている母親が多いのに、自分のことを考えるとなんか逆だなあって思うんです。夫のせいなのかとか、周りのせいなのかとか、ウジウジした気持ちを抱えていて。

美輪　諦めが悪いっていうことですね。自分が選んだんですもの。「この道は険しい。されど我が選びたる道なれば」という言葉があります。自分に対するプライドですよ。私が選んだのだから間違いない。そうでないと、自分が可哀相です。

相談者　確かに、人に言われたからとか、説得されたからとか言っていますけど、自分が選んだこと、です。

美輪　ご不満なようですね。

高瀬　美輪さんのおっしゃっていることって、こんなはずじゃなかったのにとか、ほかに道があったんじゃないかっていう前に、自分でそれを選んで、立派に果たしてこられている自分に誇りを持ったらどうかっていうように聞こえたんですが。

相談者　あー。

美　輪　失礼だけど、おいくつ？

相談者　45歳です。

美　輪　まだお若いじゃありませんか。私はいくつだとお思いになる？　88歳ですよ。私の歳まで43年もあるんです、あなたには。私から見ればまさに青春。お子さんに手がかからなくなったら、おやりになればいい。働き手を探しているところはいくらでもあります。今は、50歳、60歳の人が、ものすごく活躍していますす。オシャレだってすごいですよ。

相談者　私は、これといった特技があるわけでもないですし、50歳、60歳で、なにができるかなって、すごく不安です。

美　輪　それなりの仕事というのが、あるはずです。今よりもっと増えるかもしれません。昔と違っているんです。それを楽しみにして頑張れませんか。

高　瀬　まずは、これまでの自分を受け入れたうえで、これからですね。先はまだ相当長いですし、私達（笑）。

相談者　はい。「諦めが悪い」って誰もはっきり私に言ってくれないものですから。でも、自分では薄々そう感じていたところもあったので、そこを言っていただいて、私の中でも覚悟が決まったというか。

美　輪　大丈夫！　頑張ってくださいね。

排せつ物が溜まっていれば、我慢できなくなるのは当然

モヤモヤ相談

相談者の悩みは「夫婦のセックスレス」。夫が、セックスにあまり積極的ではないことに納得して結婚したはずが、この10年で、耐えがたくなってきたと言います。

相談者　私は結婚して10年になるんですが、夫とは夫婦の営みがほとんどありません。結婚前から夫の性欲がすごく少ないというのはわかっていて、納得のうえで結婚したつもりだったんですが、やはり耐えられなくなってきて。我慢できないのであれば離婚するしかないとは思うんですが、夫のことはとても好きなので、離れたくなくて。どういう選択をすればいいのか悩んでいます。

美輪　世の中の夫婦っていうのは、どういうふうにしていると思います？　10年、20年、30年経っても、夫婦の営みは変わらず、新婚夫婦と同じようにあるとお思いですか？

相談者　たぶん、どんどん減ってくのかなと思ってはいて。そうじゃない人もいるとは思うんですけど、自分の性欲がなくなっていくのは寂しいとも思っていて。

美輪　あなたと同じ悩みの人はごまんといるんです。それで40を過ぎると、人間愛になっていって、ただのいい人同士っていうふうに生活している方が多いですね。ご主人は悩んでいないと思いますか？

相談者　夫も悩んでいるとは思います。私のほうから「どうしてしてくれないの？」って言うと、夫は、「じゃあ、頑張ってするよ」って。

美輪　でも、頑張れない。男同士の親友みたいな気持ちになってしまったんですね。

相談者　それもあると思います。単純に性欲を処理したいというよりは、その行為がないこと自体が女性としてとても自信をなくすというか。女性として求められていないなって思うと自信がなくなってくる。

美輪 でも、どうしてもっていう欲求が湧き上がることがあるでしょう。これはしかたがない。相手のあることだし、ご主人の感性の問題だから。理性の問題じゃないですから。

高瀬 現状のままで解決していくことは難しいってことですか？

相談者 夫に「オープンリレーションシップ」を提案してしまったことがあって。外に彼氏を持つことを夫に知らせるし、相手にも知らせる、そういう関係性でやってみるのはどうかって提案したことがあったんです。

美輪 返事は？

相談者 了承してくれました。でも、その話をしてから彼はどんどん元気がなくなっていくというか。当然ですけど、嫌だったと思うので、すぐに解消しました。

美輪 もし、ご主人がなにかの災いで亡くなったとしたら、あなたはどう思います？

相談者　とても耐えられないと思います。

美　輪　別れたとして、ご主人が広いがらんとしたお部屋で、たったひとりでご飯を食べたり、そういうことが想像できますか？

相談者　別れた後の夫を想像すると、とても離婚できないというか。

美　輪　できないでしょう。だから、そうしたらもう結論は決まっていますね。

離婚はどうしてもできないという相談者。そんな相談者に、美輪さんは2つの可能性を投げかけます。

相談者　セックスの部分を、私が我慢すればいいと思って結婚したんですけど。

美　輪　覚悟して結婚したということは、責任をとらなきゃいけませんね。十分尊敬しているし、愛しているし、離れたくない。セックス以外は、これ以上の人は一生出てこないかもしれません。じゃあ、大事になさい。

もし我慢できなくなったら、よそでセックスの処理だけしていればいいんじゃないですか。ご主人には絶対にわからないように。夫の精神的なものを裏切ったり、悲しい思いをさせないようにして、今までどおりさりげなく、尽くしてあげて。それしかないと思いますね。

相談者　割り切って、外で不貞をすることに、やっぱり罪悪感があって。

美　輪　一番やっかいなのは、あなたが離れられないぐらいにご主人を愛しているということ。だから立派でもあるわけ。いいかげんな女だったら悩みませんよ、そんなことで。さっさとご主人と別れて別の男と一緒になっています。それがあなたにはできないわけだから、いいとこどりだけしてればいい。私にはそれしかないと思う。そのぶん、ご主人に尽くして尽くして尽くしまくればいいんです。

相談者　やっぱりそうかって……スッキリしました。

美　輪　セックスは生理的なものだから、精神とは関係ないの。とにかくあなたの救いは精神的なものまで浮気相手に行ってないってこと。不貞っていうのは気持ちまでが相手に行って、夫を裏切ることだと思うんです。精神的なものがまったく相手に行かないで性的に満足するっていうのは、排便排尿と同じこと。そう割り切ってしまえば精神的に落ち込むことはないと思いますよ。精神は裏切ってないわけだし、愛し続けているわけだし、すまないと思っているわけだから。それはそれで割り切ること。単なる排せつ作用に精神的なものまで盛り込もうとするから無理があるわけ。

10個のリンゴしか入らない箱の中に20個も30個も詰め込もうとするのは無理。不倫とか不貞っていうのは、世間的には非難されるかもしれないけれど、生きている人間ですから、排せつ作用も大事です。それで割り切るほかに方法はないでしょう。

『型』にこだわらず
宇宙の神羅万象に心を開けば
新しく広い世界が開けます

頭はクールに。ハートはあたたかく

Q 家事に協力してくれない夫に向かって怒鳴ってしまうときがある……

えてして人は、してもらうことを「当たり前」と思いがちです。とくに夫婦の間では、そうなりやすい。夫は妻が世話を焼いてくれるのを当然だと勘違いし、一方妻は、夫が働いてくれるおかげで生活できているのに、慣れっこになってしまい、感謝する気持ちが吹っ飛んでいる。そして、不平不満が出てきます。

あなたはすぐ感情的になってしまうタイプなのでしょう。感情を抑えるものはなにかというと、クールな理性しかありません。フツフツと湧き上がってきた怒りをどうするか、ロジカルに積み上げていくんです。酒を飲んで酔っ払ってごまかす。そうしたらどうなるか。みんなに迷惑をかけることになる。家計に響く。それは続けられない。そもそもお酒を飲んでもおしっこになって出ていくだけ。もっと健康的な発散の仕方はないだろうか。お金をかけずに発散できるもの、なにか時間を忘れるものはないか、クールにクールに考え抜いて探せばいいんです。

籍なんてどうでもいい。謎の下宿人同士でいればいい

モヤモヤ相談

20年前に結婚した相談者。ふたりの子供をもうけ、当初は幸せな結婚生活を送っていました。やがて、夫とのすれ違いの生活が始まり、3年前に離婚。しかし、今も離婚したことを伏せて、家族一緒に暮らしています。

相談者　3年前に離婚したんですけれども、今も元夫と一緒に暮らしています。その元夫との関係にモヤモヤしています。彼は趣味を大事にする人で、平日も仕事が終わったら自分の趣味優先で、休みの日も、家族でお出かけですとか、そういったのがほとんどなくて。本当に会話もなくこのままの生活が続くのであれば一回リセットして、自分は新しい人生を歩んだほうがい

いのではないかと思って離婚しました。

美　輪　ご主人の、普段からずっとやっている趣味ってなんですか？

相談者　オンラインゲームです。

美　輪　長いことやっていらっしゃるんですか？

相談者　もう10年以上。

美　輪　ゲームには勝てないんですね。それで食事は。

相談者　もともと家で食べない人で。朝も食べないですし、昼は職場でなにか食べていると思うんですけど、夜も帰ってくるのが遅いので家では食べないです。

美　輪　じゃあ、一緒に生活しているとは言えないですね。

高　瀬　しかしながら今も同居を続けてこられている、その理由というのは？

相談者　もちろん経済的な面もあったんですけど、子供達が友達に知られたくないので今の生活をそのまま続けてほしいっていう気持ちがあったので、旦那さんに提案をしました。

美輪　そうしたら？

相談者　いいんじゃない、っていう答えで。

美輪　あなたのことを嫌っているわけじゃないんですか？

相談者　それがわからないんです。とにかく会話をしてくれないので、好きとか嫌いというよりも私の存在を忘れているんじゃないか。女として見てくれてないのかなっていう思いはあります。

美輪　じゃあどうしたいんですか、あなたとしては。

相談者　もっとたくさん会話をしたい。新しい人生に向かっていこうという思いがあったんですけども、一緒に生活する中で、やっぱりこの人が好きなんだなっていうふうに思ってしまって。どうすれば復縁できるのか聞いたんですが、「ほっといて」って言われてしまって。そう言われると怒りがこみあげてきちゃって、物に当たったり。「そういうとこが嫌なんだよ」っていうふうに言われてしまいました。

美輪　そこですよ。ゲームの中で理想的な女性に惚れちゃってどうにもならなくなっちゃう男性もいるんです。生身の人間じゃダメなんです。たぶんご主人はそのたぐいの人なんですね。ゲームじゃなくて生身の人間だったらなんとかしようがあるけれども、中毒ですから。これは答えようがないです。ひとつだけ言えることは、あなたがご主人を愛していらっしゃるってことですね。

相談者 はい……一途というか、ひとつのことに集中する趣味を持っている人だから、最初はそれでよかったんですけども。

夫の一途なところに惹かれたという相談者。美輪さんは、夫との関係を改善するためには、すべてを受け入れることから始めてみてはと提案します。

美輪 受け止めているあなたがいるでしょう。それがやっかいなんです。離れられない元なんです。だったらもう覚悟を決めて、全部包み込んであげればいいじゃないですか。ゲームをやっているときには、黙って微笑みながら、お疲れ様ってお茶を出したり、お腹が空いているようだったら、ニコニコ笑いながらご飯を出したり、全部、微笑みながら受け入れる、そういう女性になったらどうでしょう。そうしたら雪解けになるかもしれません。

本当に優しくて、にこやかで、なにをやってもドーンと受け入れてくれる素敵な女性がいると、家の中が変わってきます。そういうふうになさっていますか？

相談者　綺麗にしようという努力は自分なりにしているつもりです。

美　輪　綺麗ってどういう？

相談者　身なりをしっかりして、スタイル維持には気をつけています。

美　輪　ものの言い方とか動きとかは？

相談者　そこはちょっと反省する点はあります。やっぱりイライラしてしまうと、ドアをバタンと閉めてしまうとか。

美　輪　一番嫌なパターンですね。ドーンとやられると気分が悪いでしょう。それ

相談者　の積み重ねじゃないでしょうか。
やってしまった後に反省して、イライラしないようにって思うんですけど、やっぱり続かなくて。

美輪　人間ですもの。その嫌がられているところがあるっていうことに気づけばいいんです。

高瀬　現状は、ゲームをする彼のことを受け入れざるを得ないということですね。

美輪　ゲームマニアなら、その環境づくりを手伝ってあげる。それはそれで愛情の表現のひとつですから、全部ふわーっと包んであげて、したいようになさいよって応援してみたらどうです。そんな居心地がいいところなら、逃げ出しませんよ。籍なんてどうでもいいじゃないですか。
過ぎ去ったことはグジグジ言わないこと。謎の下宿人同士でいればいいんです。シェアハウスで仲良くやってください。それしかありません。ゲームを敵だというふうに思わないこと。本当は敵なんですけどね。

あしたを生きるあなたへ

もっと自由でいい
流浪の人生も楽しい

Q 信頼していた人に何度も裏切られ、人と関わることが嫌になってしまった……

文化は裏切りません

人間は肉体と精神でつくられています。体を維持するために大切なのは質の良い食事。質の良いものを食べないと病気になってしまいます。では、人間を形成している精神にとっての食べ物はなにかと言ったら、文化なのです。精神の健康を維持するためには、豊かな文化が必要です。美術、文学、音楽、スポーツ、こうした素晴らしい文化は精神を癒やしてくれます。上質な文化に触れれば精神は栄養失調になりません。

私も芝居をやり、歌をうたい、いろいろやってきましたけれど、純粋にそれに打ち込むと、本当にそれが好きな人だけが集まってきます。本物の文化を愛する人に、悪い人はいません。信じられる人間がいるんです。文化に関わる人は、人を裏切ったり、卑怯な真似をすることは恥だって思っていますから。ですから、質の高い文化に触れて、心にキラリとひらめくものを開拓してみてください。そこから、いろいろと開けてきます。文化は裏切りませんからね。

Q 母が急逝した後、父が家族に黙って婚活サイトに登録していた……

お父さんもひとりの「人間」です

あなたはお父さんを「父親」として見ているのです。「父親」というのは家族関係を表すための単なる記号にすぎません。あなたが「娘」ではなくひとりの「人間」であるように、お父さんもひとりの「人間」です。あなたは、お父さんのことを「人間」だと思ってないいんです。「父親」という動物だと思っているの。まずそういうところから、自分を変えていくことですね。

あなた自身がお父さんの身になって考えればいいんです。相方が亡くなったら寂しいですよ。やっぱり話し相手が欲しいし、心の中のがらんとした空き地を埋めないといけない。色恋だとかセックスは、人間が生きていくうえでのエネルギー源でもありますから、必要不可欠なことなのです。そういうことを想像してごらんなさい。しばらくの間は、現状維持でよろしいじゃありませんか。しらんふりをして、自由に勉強させておくことですね。

幸せを常に感じていられる方法はひとつ

Q 夫を亡くし、寂しくていつも泣いている。後悔の念も消えない……

これはちゃんと哲学がありまして、人は死ぬんじゃない、エネルギー体みたいなものになるだけ。それで時間も距離もなくなるんです。だから「父ちゃん」と話し掛けたら、すぐそばにやってきます。そこで泣いたり喚いたりして、心配をかけちゃいけません。「こちらのことは心配ないから、どうぞ安心して励んでください」と言ってあげてください。

なにに励むのかというと、魂の浄化です。人々を励まし、慰め、いろんなことをやってあげる代わりに自分の霊格が上がるんです。それを成し遂げて、尊い仏になるということ。その修行をお父さんはなさっているんだから、「父ちゃん、こっちのことは心配いりませんよ。そっちで思う存分、尊い人格になってください」。そう言って、いいエネルギーを送ってあげるんです。それを「仏に成る」と書いて成仏するというんです。

BON VOYAGE!

モヤモヤ相談

相談者の悩みは、「夫から離婚をつきつけられた」こと。あまりにも突然だったので、どうしたらいいのか、モヤモヤしています。

相談者　私は結婚して20年以上になります。大学生と高校生の子供もいます。ですが、1年ちょっと前に、いきなり主人から、「好きな人ができたので、離婚してほしい」と言われました。恥ずかしながら、私は言われる瞬間まで気づかなかったんです。

美　輪　そういうタイプに見えない人ですか？

相談者　見えないです。その手のドラマとかも大嫌いな人で。

美　輪　そういう堅い人ほど危ない。純情な人ほどそうなっちゃったときに壊れやすいんです。それでどうなさったんですか？

相談者　ちょっと頭を冷やせば戻ってくると最初は思って、絶対にハンコを押さないぞと思ってたんです。だけど、その後ちょうど単身赴任になってしまって、あちらはもう渡りに船というか。

美輪　その相手の女性は？

相談者　会社の部下です。あちらも結婚したいがために、いい条件を言ってくるんです。「家はあげる」とか、「今ならこれだけお金を出す」ってわりと上から言われてしまい……。

美輪　家のローンは完済しているんですか？

相談者　してないんです。ほとんど残っています。別れた後、それを払ってもらえる保証もないじゃないですか。そういうお金のことも不安なんですけど、こうなってもやっぱり家族で過ごした20年が捨てきれないというか、戻ってきてほしいって思ってしまうんです。それは自分の中の執着なのか愛なのか。それとも意地なのか。

美輪　それら全部でしょうね。それで、どういうお気持ちにだんだん変わってきました？

相談者　人の不幸の上に立った幸せなんか絶対ないって思って、あのふたりは一緒になってても間違いなく不幸になるだけだって思っていたんですけど、私が離婚しないことが、あっちを不幸にしているんじゃないかと思うようになって、やっぱりもう身を引いたほうがいいのかなと思うんです。

美　輪　「身を引く」っていう言い方はやめたほうがいいですよ。

あなたには独立国家としてのプライドがあるんだから。身を引くっていうんじゃなくて、あなたのほうから「精神衛生に悪いからふたりとも出ていってちょうだい。道ならぬ連中と付き合ってる暇はない」というふうなプライドで物事を見てみてください。そうすると違うものが見えてくるはずでしょう。

これまでは家事と子育てに専念していた、相談者。今は正社員として再就職し、これからのことも考え始めてい

……ます。

美輪　あなたは、ご主人だけに全部寄りかかっていたから大変なんです。あなたの人生は恵まれていて、でも、自分自身がどう生きていたいのかをすっかり忘れていた。自分がなかったんです。自分の人生を再構築することを考えたらどうです？　自分を取り戻さなきゃ。

相談者　はい。

美輪　「ボン・ヴォアヤージュ（Bon Voyage）」という曲を聴いてみてください。「ボン・ヴォアヤージュ　もういいの、そんなに優しくしないで、あなたは好きなようにしてればいいのに、私の涙などかまわず」。自分を裏切って、ほかの女と一緒に船の旅に出かける男に、初めのうちは怒っているんだけれども、最後には、大きな愛で包んで、「もし、うまくいかなかったらいつでも戻っていらっしゃい、あなたの椅子はいつでも用意してありますよ。でもそうならないように、お幸せになれればそれが一番ですからね」と、相手の幸せだけを祈って送り出してやる歌なんです。

　喧嘩別れしちゃダメですよ。「あなたが目が覚めるまでいってらっしゃい。病気しないようにして、健康に気をつけてね」って。その一言を、ご主人は折に触れて思い出すと思いますよ。

高瀬　罵倒して、出ていけって言うよりも、「いってらっしゃい」って送り出したほうが、じゃあここからは自分の人生を、ってなるのかなとも思いました。

美輪　ただのかみさんだと思ったら、とんでもなく大きな愛を持った女だっていうことで、あなたの重みがわーっと宇宙に広がっていくんです、愛が。

相談者　それが子供にも伝わるといいなと思います。ずっとしがみついて、ハンコを押さないって……。

美輪　つらい傷だけれど、そのつらい傷を覆って、治すだけのすごい力を持っているのが愛なんです。

あなたの勝利だと思えばいい

モヤモヤ相談

夫の浮気にモヤモヤしている、相談者。8年前の日記に、見覚えのある女性の名前を見つけた後、調査会社に依頼をしました。浮気相手が夫の取引先の女性だとわかりましたが、そのことはまだ夫には告げていません。

相談者　少し前に、夫が浮気をしていることがわかりました。どうやら、相手とは、長い期間、浮気をしているようで。家ではいい父親だし、私としては、とても円満だと思っていたんです。私の両親のように、これから大きくなる息子達の人生をふたりで、見守っていきたいっていう気持ちでいて、夫を嫌いになれないけど、夫にはもう愛されてないのか、とても不安で。

美　輪　その浮気はどうしてわかったんですか？

相談者　浮気相手に送るメッセージを私に送ってきたんです。
美　輪　頓馬《とんま》ね（笑）。
相談者　それが初めてではなくて、かなり前に同じことがあったのを思い出したんです。私は日記をつけているんですけど、それをひっくり返して見てみたら、同じ名前が数年前にもあったことがわかって。もうかなりのショックで。
美　輪　そそっかしい旦那ですね。
相談者　そうなんです。
高　瀬　関係は今も続いているようなんですか？
相談者　終わってはないと思います。
美　輪　夜の生活はどうなっています？
相談者　毎晩、帰りが遅いんです。それで、そういう夫婦生活はなかったんですけど、ショックを受けていることを夫がわかったみたいで、急に夫婦生活を求めてくるようになって。私も知っていることを悟られてはいけないので、受け入れて、夫婦生活がまた再開するっていう。

美　輪　じゃあ、あなたの勝ちですよ。戻って来なかったら負けっぱなし。

相談者　はい。

美　輪　戻ってきて、向こうが要求して、あなたが嫌々ながらでも応じているっていうのは、情けですよね。一緒にいても求められないんだったら、旦那のほうが勝ちで、あなたは負けってことになるんだけれど、そうじゃないんだから。

相談者　そういうこと？

美　輪　一緒に暮らしてきて、愛し合ったわけだし、思い出があるわけでしょう。そっちの重みのほうが、浮気相手の女性の重さと比べ物にならないぐらい重いんです。

相談者　そういう発想はなかったですね。

美　輪　そうでしょう。じゃあ、追い込まれたときにどうしたらいいかっていうと、難しいことだけれど、感情は全部切り捨てること。理知を働かせて、現実

相談者　的な解決法だけをとるんです。うん……感情で動いたら、みんな壊れてしまうっていうのもわかるんですけど、私はただ必死に生きてきた、陰で裏切られていたってことが、突然ドスンッてフラッシュバックするんです。長男と次男の間に、娘を死産していまして、そのときは長男がいたから乗り越えられたっていうところはすごく大きかったんですけど、私がなんとか乗り越えていく最中、夫はある人と関係を持ってたっていうことが。一緒に、すごくつらい毎日を乗り越えてきたのに、そうじゃなかったんだなっていうのが、とても残念で。傷つけられた私のこの気持ちの行き場は、どこに持っていったらいいんだっていう。

美　輪　それが人生なんです。つらいことばかりいっぱい来るんです。いいことっていうのはちょっとの間だけ。

……**夫の裏切りによって心に傷を負った相談者。それでも、**

夫を切り捨てることはどうしてもできません。

相談者 すっぱり別れて幸せになった方もいらっしゃると思うんですけど、私の中では、夫と離婚して、シングルマザーとして息子達と暮らしていくっていう想像ができないんです。

美　輪 どうしてですか？

相談者 ずっと考えてきたんですけど、結婚をするときに、私はこの人と生きていくんだと決めたから。自分の決めたゴールじゃないほうに持っていく理由として、今回のことは当てはまらないんだと、なんとなくわかったんです。

美　輪 悩んだんですね？

相談者 はい、どうして私は夫を嫌いになれないのか、どうして自分ひとりで生きていくっていう選択がないのか、よく考えたら、私は決めたんだと。私は、もうこの人と一緒に生きていくっていうふうに決めたから。

美　輪 なにがなんでも？

相談者　もうそこは。それをわかったときに、今回のことも、自分の出来事として引き受けて進んでいくしかないって。

美　輪　じゃあもう、自分で答えを出していますね。別れたら、自分が本当に幸せになって、向こうも幸せになって、子供さん達も幸せになりますか？

相談者　それは考えられないです。

美　輪　じゃあ、どうしたらいいんです？

相談者　やっぱり夫を信じるしかないのかな。

美　輪　信じるというより、大きな愛で包んであげることです。今、あなたはそういうところにいるんです。だから理性だけが必要なんです。

相談者　はい。

美　輪　それで、次の人生を歩くこと。オシャレをしたり、お化粧を学んだり、女性の楽しみ方ってたくさんありますでしょう。そういうプラスのほうへ、自分の思考を向けるんです。そういうことはお留守でしたでしょう？

相談者　はい。ちょっと手を抜いてるところはあったと思います。

高瀬　白黒つけるとかどうこうするよりも、まずは、理性でもってご自身を安定させることが大事だということですね。

相談者　勝ちって言ってもらえたのは、光が見えた感じになりました。

美輪　天涯孤独な人よりずっと幸せじゃありませんか。

相談者　理性で大切にしたいものは守っていかなければいけないので、守っていこうと思います。

美輪　あなたならできます。大丈夫。家族っていうのは大事だけれど、手がかかるもんです。悩みのタネにもなるし。そうかといって喜びのもとにもなったり、千変万化する。それが家族です。

あしたを生きるあなたへ

水の世に 生きとし生きて 来し方を
かえりみて知る 愛の強さよ

無理にやめさせないことですね

Q

娘の彼氏が大嫌い。プライドが高く、娘を支配しているように感じる。娘は完全に依存しているため、心配ばかりしている……

これは、あなたのほうに問題があると思います。生理的に嫌なタイプなんじゃないですか。それに、娘が支配されているって理屈をつけていらっしゃるんじゃないでしょうか。支配されるような女性は、最近いませんよ。

自分で育てた娘だからと、監視の目を揺るがないようにしていると、一生恨まれますよ。娘も、どっちをとるかということになったら、もちろんお母さんより彼のほうをとるでしょう。世代による価値観の違いもありますからね。あなたが口出しするたびに、「的外れなことを言ってるな」って感じているはずですよ。

だから、「別れなさい」とか、「私は嫌い」だとか、そういうことは言わずに、もっと客観的に、「自分でよく考えてごらんなさい」「もっと理性的な面もお持ちなさい」ということを、愛情込めて優しく、穏やかに諭すことができたらいいですね。

家にしがみついていた娘の時代はもう終わり

モヤモヤ相談

相談者の悩みは、「医者ではない男性と結婚した自分に、家族が冷たく当たるようになったと感じる」こと。好きな人と結婚しただけなのに、そんなに悪いことをしたのかと悲しくなってしまい、モヤモヤしています。

相談者　私の実家は医者の家系です。私だけが医者ではない男性と結婚しまして、結婚した途端に、親戚一同、掌を返したように私にとても冷たく当たるようになりました。たとえば私が里帰り出産をしたときに、実家の母は毎日のように、「よくわからない家の人を世話したくない」というようなことを言い、出産後、1週間も経たないうちに「帰ってくれ」と。忌まわしい存在のように扱われることが何度もありました。納得いかないところがあるんですけれど、今は、子供のためにも、せめて実家の母や母方の祖母とは関係を修復したいと考えています。

美　輪　ご両親はなんておっしゃったんですか？　結婚するときに。

相談者　「仕方ないね」っていう感じで反対はなかったんです。

美　輪　賛成もしないし、反対もしなかった。なのに、結婚した後に態度が変わったのは、なぜでしょう？

相談者　もしかしたら母方の祖母が、母に「ひどい結婚をさせたね」というようなことを言ったのかもしれないです。

美　輪　あなたとおばあちゃんの関係はどうなんですか？

相談者　結婚するまではすごくいい関係を築いていたんですが、結婚して祖母に会いに行きましたら、「二度と来ないでちょうだい」と言われて、外に追い出されてしまいました。

美　輪　お医者様以外と結婚したからですか？

相談者　そうだと思います。夫と一緒に挨拶に行きましたら、「お医者さんじゃない方にはお食事を出せないから」というふうに申しまして。

美輪　戦いを宣言されたわけですね。そんなまずい食事なんて、かえって出されなくてよかったんです。差別ですよ、それは。ご家族の中で何人ぐらいがお医者様なんですか？

相談者　私の父の兄弟と、母の兄弟がみんな医者です。遠い親戚もほとんどみんな医者なんです。

美輪　それで、あなたの旦那様はどういうお仕事なんですか？

相談者　教育関係の仕事をしております。

美輪　じゃあ、ひとりだけ差別されるわけですね。

相談者　結果的にそういう状況をつくってしまいました。

美輪　それで、結婚する前はどうだったんですか、親子関係は？

相談者　母は、私が対外的に自慢できるような存在であれば優しくしてくれたんですけれども、そうではないときは、朝から晩まで、「あの家の娘は素晴らしいのに、なんであなたは」というような話をする人でした。

美　輪　人格的におかしいんですね。

高　瀬　医者であるか、ないかでそんなに違うのかということに衝撃を受けつつも、お母さんやおばあさんは医者ではないわけですよね？

相談者　はい。母はお見合いで父と結婚したのですが、すべて家の意向に従ってきた人ですので、おそらく自分が好きな人と結婚できるとは思っていなかったんだと思うんです。

美　輪　最近はどうなんですか？

相談者　祖母は人付き合いが減って、寂しい思いをしているみたいです。

祖母が会いたがっている。そう身内から聞いた相談者は、この機会に以前のような関係に戻りたいと思っています。ただ、今までのことを考えると複雑な思いがあると言います。

相談者「寂しい」と言っていると聞いて、すぐにでも駆けつけて元気づけてあげたいという気持ちもすごくあるんですけれど、その出来事が忘れられなくて、また傷つきたくないというふうに思ってしまいます。

美　輪悩むことはないじゃありませんか。だってあなたの勝ちですよ。向こうが謝ってきたようなもんじゃないですか。降参したからこそ、「仲良くしてください」と言ってきたんでしょう。

高　瀬お母さんも今後、態度が変わっていく可能性はないですか？

相談者あります。少しだけ「仲良くしたい」というような様子を見せることがあります。私の夫が少し昇進しまして、そこから少し風向きが変わりました。

美　輪よく掌を返せますね。教養がないんですよ。見栄ばっかりで。

相談者でも、私の夫は一度も私の親族のことを悪く言ったことがありません。自分がとにかく自慢になるような存在になれば変わるんだから、と言って一生懸命仕事に打ち込んで、どんな状況においても人としての品性を失わない夫でしたので。

美　輪　ありがたいですね。

相談者　ありがたいです。ただ、母のほうは会うたびに、あてつけがましい話だったり、嫌味を言うので、それにどうやって耐えていけばいいのか。

美　輪　勝利者として上から目線で対応すればいいんです。イタチの最後っ屁なんですよ、向こうは。

相談者　長い間、白い目で見られたり、さげすまれることが多かったものですから、そういうふうには思えなくて。

美　輪　被害者意識にとらわれたんですね。

相談者　そうです。なんか自分が汚いもののような気がしてしまっています。

美　輪　逆なんです。客観的に見れば、立場が逆転していますよ。だから、大威張りで、「ざまあみやがれ」って言っていればいいんです。自分の視点を変えるだけで、晴れにもなるし、嵐にもなる。人生って本当に、見方によっては極楽にも地獄にもなるということです。

相談者　昔されたことをすべて忘れて、勝利者として、平然としていたらよろしいんでしょうか。

美輪　そう。この勝利のために以前の出来事があったんだから。向こうが徹底して意地悪な人間であれば、負け戦の旗なんて掲げませんよ。

相談者　なるほど、今までとまったく違った視点ですし、胸がスカッとしました。

美輪　雪崩《なだれ》が起きるように変わってきたんだから、喜ばしいことですよ。

高瀬　「孫に会いたい。ひ孫に会いたい」というときには、会わせてあげればいいんですね。

美輪　少しもったいつけてね。そして、もうひとつ、お会いになったときには、うんと慈悲にあふれる優しい人を演じてください。過去のことは一切関係なく。上品に優しく、貴婦人のように。

相談者　同じ土俵に立たないで、ですね。

美輪　もちろん。これからは勝者として悠々自適で暮らせますね。おめでとうございます。バンザーイ。

悲しかった黒や灰色は
いつかかならずやってくる
輝く虹色を
際立たせるためにあるのです

第4章　働くということ

情念で考えたら、なにひとつ答えは見つからない

Q 頼み事をされることが多く、自分の都合のいいときだけ近づいてくる人に腹が立つ……

これは世の中の常識ですよ。それをおかしいと思うほうがおかしい。寄りかかられるのは誰だって嫌ですよ、重いもの。落語に出てくる世話焼きの大家さんみたいな人は、実際にはいませんよ。実世界はもっとシビアです。

だから、理性的になってどうやって解決していくか、今が試練のときなんです。なにかが起きたときに感情的になって、「ああ、なんとかしなきゃ、どうしよう、どうしよう」となったら、堂々めぐりして問題なんかちっとも解決しません。

必要なのは冷静さだけ。「待てよ、こうなったんだから、こういう方法を持っていったらどうだろう。ああ、これではダメか。じゃあ、こういう方法ならどうだ」と冷静に方法論だけを考える。そうすると光が見えてきます。感情的になったら、どんどん泥沼に入っていくだけですよ。

ユーモアは人生の必需品

Q 職場でひどいことを言われても言い返せない。つらくて胸が締めつけられそうになる……

言い返すというのは、言葉をたくさん知っているということです。トゲのある言葉で言い返したら喧嘩になるでしょう。だから、ユーモアで返せばいいんです。そうすると意地悪をする人がバカみたいに思えてきますよ。「はいはい、ありがとうございます。シンデレラはつらいんですよね」って返せば、相手は意地悪なお姉さんみたいでしょう。「カボチャの馬車はまだこないかしら」って言っていればいいんです。

会社に勤めているのではなく、動物園に勤めているとお考えになればいいじゃないですか。この地球上には、いろんな生き物がいます。可愛らしい子猫もいれば、人を見たら咬《か》みつく犬もいる。その人は、人の尊厳を傷つける発言をする動物なんです。ですから、獰猛《どうもう》な動物が吠えているとお思いになればラクになります。

ユーモアは人生の必需品です。それがあれば、つらいことをどうにでも切り抜けられます。

あなたひとりがクヨクヨしているだけ

Q やってみたいことはあるけれど、失敗するのが怖くて一歩を踏み出せない……

人間の生き方は様々ですから、そういう生き方もあっていいじゃないですか。気ぜわしく、休む間もなく、せわしいせわしいって言いながら生きていく人もいれば、のほほんとして、「♪春霞〜」なんて言いながら生きている人もいるでしょう。変わらないことが好きな人もいますし、変わることが好きな人もいる、いろいろです。

ものすごい大きな宇宙の中にいれば、いろいろあります。地球にはいろんな歴史があるし、各国それぞれに文化がある。だからその中のほんの針の先で突いたほどのものでもないでしょう。逃げてばかりなのもひとつの人生だから、それもいいでしょう。

でも、本当にやりたいことなら、とにかく当たって砕けろで、戦ってごらんなさい。やってやれないことはないと思ってやってみる。一度できたら、「あれっ、私にもできたじゃないの」っていうような自信がつきますよ。

完全なものなんかこの地球にあるわけがないんです

◉ モヤモヤ相談

本当にやりたいことが見つからない、相談者。飲食店でアルバイトをしながら実家で生活していいます。正社員になる決心がつかず、ほかの可能性にすがりついたままの自分に、モヤモヤしています。

相談者　僕は飲食店のアルバイトをしながら実家で生活しています。

美　輪　おいくつなの?

相談者　29歳です。バイト先のオーナーから就職の話をいただいたこともあるのですが、なかなか就職に踏ん切りがつかずに悩んでいます。

美　輪　正社員として?　ありがたいですね。

相談者　そうです。30歳になるので、いつまでも親のすねをかじって、子供のように生きるのはダメだとはわかっているんですが、ほかの可能性、余白のようなものを残した今の状態にすがりついてしまっている自分がいます。

美　輪　あなたは、なににすがりついているんですか？

相談者　なにかもっと自分が本当にやりたいことが、今に見つかるんじゃないかって。

美　輪　そんなものありゃしませんよ。働かないで、ブラブラしていると病気になります。人間というのは、動くための機能を備えているわけでしょう。あなたは病気になる寸前なわけ。

高　瀬　お気持ちということで言うと、美輪さんがおっしゃるように動けないでいるっていう面もあるんじゃないですか？

相談者　なるほど。

美　輪　じゃあ、なにが好きだったんですか？

相談者　今まで、やりたいなと思うことが、いくつかはあったんです。バスケットボールをすごく好きでやっていたんですけど、途中でやめてしまって。そのほかにも、外国の方に日本語を教える学校の教師を。

美　輪　それはどれぐらい続いたんですか？

相談者　それは、教師になるための学校に行った段階で……。

美　輪　ならないうちにやめたの？

相談者　ちょっと違うなと思いまして。

高　瀬　まずは飛び込んでみるっていうことは考えないんですか？

相談者　正社員になれば給料は少し良くなると思うんですが、時間の拘束が増えたり、休みをとれなくなったりしそうで。

美　輪　だけど楽しいんでしょ？

相談者　飲食店の仕事は嫌いではないですし、自分に向いているとは思います。

美　輪　じゃあ、それで生活していくのが正解ですよ。

相談者　ただそれを今の時点で正解にするのが、本当にいいのかはわからないです。

美　輪　あなたはなんでも一度、「待てよ」ってひっくり返す癖があるんじゃないですか？

相談者　すぐに決められるタイプではないと思います。

美輪　考えることは悪いことじゃありません。でも、考えたことをひっくり返す、「そうじゃないだろう」っていうのは悪い癖です。その癖を直さないと。オール0Kなんて仕事はありません。完全なものなんか、この地球にあるわけがないんです。

相談者　そう……ですね。

高瀬　実家にずっといらっしゃいますね。親御さんから、「ちゃんと就職したほうがいいんじゃないか?」とか、「ひとり暮らしをしたほうがいいんじゃないか?」とか言われませんか?

相談者　ないです。

高瀬　すごく居心地のいい場所なんですね。

相談者　はい。親は自分を見守ってくれていて、「やりたいようにやればいいよ」みたいな感じがあって。

美輪　ありがたいですね。それで、恋愛は?

相談者　恋愛はしばらくなにもないです。

美　輪　それは、自分が好きになる人が出てこないということですか？

相談者　そうですね。

美　輪　そうそういるわけないですよ。みんなそう言っています。だから、ひとり暮らしの人がものすごく増えているっていうじゃありませんか。恋愛は面倒くさい、そうかといって、やっぱり寂しいからなんとかしたい。それで娯楽に走るといっても、ほとんどがスマホかテレビを見るだけ。柔らかさ、人間的なもの、そういったものがなんだかわからない、そういう時代になっているんです。それで、イライラしてばかりいる人が多いですね。

相談者　結婚願望はあるんですが、今の状況だと、結婚してもパートナーに迷惑をかけてしまうと思います。

美　輪　そういう人は現れたんですか？

相談者　現れてはいないんですけれど、わりと惚れやすくはあります。

美　輪　それで、アタックしてみましたか？

相談者　奥手なんで、アタックはしないんです。でも、周りの友人に会っても、もうお子さんがいたりして、「ちょっと自分、まずいな」とすごく感じます。

美輪　人は人、自分は自分です。あなただけの、ちゃんと個性のある人生を歩むように、一切合切を改良してみたらどうです？　まず自己の確立。自己改造。女の子の目から見ると、今のあなただったら、ちょっと避けられますよ。

美輪さんは、まずは髪型や着ている服から変えてみるのはどうかと提案します。

美輪　モテたいと思うんだったら、屋根のひさしの下から泥棒が覗いているようなな、そのヘアスタイルをなんとかしたほうがいい。おまけに着るものも、きっといつも黒系統を着ていらっしゃると思うんです。

相談者　そうですね。黒い服を着ることは多いかもしれないです。

美輪　だから暗いんです。すべてが、なにもかも暗いの。黒ずくめの服装をしていたら、自ら不幸になりたくてしょうがないことになるんです。

高瀬　すごくよくわかります。私も黒やグレーの服が多くて、前髪を下ろして、安心して外に出かけられるみたいな。バッとおでこを見せることを、自然に避けている自分がいます。だから、バッと前髪を上げて、明るい服を着て、飛び出せってことですか？

美輪　そう。人間って不思議なんです。ファッションやヘアスタイルをガラッと変えてみると、人にも好かれるし、仕事もうまくいくというように、いろんなことがいい方向に向いて運が良くなるんです。

　まず外側からつくっていって、それから包容力のある温かい、素晴らしい人になろうという目標を立てたらどうです？　好青年になれると思いますよ。

相談者　包容力みたいなものって、どうしたら手に入るのでしょうか？

美輪　それは心、思いやり。相手にはいろんな事情があるでしょう。それを全部察したら、自然と包容力が出てきます。だからあなたはまず、そういう家庭にいることへの感謝がない。お父さんもお母さんも、みんな温かくて普通でしょう。それに対して感謝しなきゃ。皆さんを安心させてあげたいでしょう？

相談者　そうですね、いきなり全部をガラッと変えるのは無理だと思うんですけど、少しずつ、外見なり、就職のことであったりも変えていこうと思います。

美輪　周りも変わってくるし、あなたも変われるし、楽しいですよ。頑張ってください。楽しみにしています。

自分はこうでなければいけないという思い込みは自縄自縛の落とし穴

モヤモヤ相談

相談者の悩みは、「これからの進路」について。芸能界で活躍することを夢見て、実家でアルバイト生活を送る、相談者。父親が事業で抱えた借金があり、暮らしはラクではありません。このまま自分の夢を追いかけてもいいのか、モヤモヤしています。

相談者　私は将来の夢について悩んでいます。芸能界を目指していて、なんとかこれまできっかけをつかもうと、いろんなオーディションを受けてきました。

美　輪　何回くらい？

相談者　2回か3回くらいです。でも、なかなかご縁がなく。

美　輪　たった2回、3回で？

相談者　はい。それで今は大学を卒業して、アルバイトをしています。

美　輪　どんなアルバイトですか？

相談者　コンビニエンスストアです。それで、実家が貧乏っていうか、事業を何度か失敗して借金があって。そんな中、本当に芸能界を目指していいのかわからず、このままもう正社員として働いたほうがいいのではないかという迷いがあるんです。

美　輪　芸能界を目指そうと思ったのは、おいくつのとき？

相談者　中1ぐらいです。もともと私はアイドルに元気づけられて。アイドルって、テレビでは笑顔ですけど、裏ではすごい必死に頑張ってるじゃないですか。たとえ嫌な仕事でも必死にこなしてるっていうか。その姿に感動して。

美　輪　今、可愛い子が降って湧いたように出てきていますね。もう名前を覚えられないぐらい山ほど出てきましたけど、それに打ち勝つ自信がおありですか？

相談者　はいっ。自分は、中学生のときに卓球を始めたんですけど、賞状をとるっていうひとつの目標に向かって、たとえけなされても、先生から嫌われたりしても、負けじとひとりで、みんなが帰った後も練習して、賞状を何枚かとらしていただいたりしたんです。芸能界はすぐに目標を達成できるようなところじゃないっていうことはわかっています。それでも、やっぱり行きたいっていうか、たとえどんなに苦しくてもかまわないので、なんでもやるので。

美輪 全国で何万人が同じ考えでやっていると思いますか？　甘く考えていますね。

高瀬 卒業して、いったんはその一歩を踏み出すはずだったということですよね？

相談者 そうですね。地下アイドルなんですけど、アイドルとして事務所のオーディションに合格して、ひとり暮らしをしながらアイドルをやる予定だったんですけれど、事務所側がバックレてしまって。

相談者は、短大を卒業した後、上京して、アイドルとして活動を始める予定でした。ところが、所属するはずだった事務所と連絡がつかなくなり、うやむやになってしまいました。

美　輪　それは、気づけよ、ということかもしれませんね。

相談者　甘くないよっていうことですか？

美　輪　いや、あなたの幸せは別な道だってことです。向き・不向きがありますから。

相談者　でも、心のどこかで芸能界を諦めきれなくて。わかっているんですけれど、芸能界で活躍して、親に恩返ししたいっていうのもありますし、芸能界ってお金がいいじゃないですか？

美　輪　とんでもない。アイドルのなに子ちゃんか知らないけども、あなたが昔見た、その憧れた人は今どうなっています？

相談者　たまにテレビで見かけるんですけれど、ほとんど地方でライブをやったりとかしています。

美輪　現実はそうなんです。

いいことばかり考えて、タレントになったら有名になる、スターになる。お金がバカバカ入る。それで親御さんをラクさせる、なんでも買ってあげることができる。いいことばかりに、ずーっと頭が行っている。そう思いになりませんか？

相談者　……はい。

美輪　お友達はなんて言っています？

相談者　応援してくれているんですが、「花が咲くのに、すっごい時間かかるよ」って言ってくれました。

美輪　咲かないかもしれないということは言わないの？

相談者　はい、それは聞いてないです。

美輪　それを言ったら、あなたは絶交するでしょう。結局あなたは、いいことだけを言ってくれる人が欲しいの。それが本当はあなたのためになっていいないということは、気がつかないんですね。

相談者 そうですね、よくよく考えてみたら、友達の中で、自分のことを否定してくれる人はいなかったです。みんな肯定してくれる。

美　輪 それが毒だったということに気がつかなかった。悪いけれど、はっきり申し上げてね。

相談者 はい、大丈夫です。

美　輪 親御さんを安心させたり、あなた自身も、みじめなどん底の生活を送ろうと思わないんだったら、安定した道を選んだほうがいいと思います。

相談者 安定した線路の上を歩くと、なんか自分が腐っていきそうで。

美　輪 でも、いろいろオーディションを受けて、ダメだった。それが結論なんです。

相談者 縁がなかった？

美　輪 「あなたはいらない」と言われたわけ。だから、「いらない」って言われるよりも、「必要だ」と言われるところへ行くほうがいいでしょう。

まともな、普通の仕事が、あなたにとってはそんなに価値のないものなんですか？

相談者　うーん。

芸能界で活躍する夢を捨てきれない相談者。どうしてもほかの道を選ぶことに抵抗があります。

高　瀬　自分はどんな大人になりたいか、なにをしたいかで考えるとしたら、なにかありますか？　目立ちたい、お金持ちになりたい、人を元気にしたいとか。

相談者　そうですね、一番は人を助けたいっていうのがあります。

美　輪　自分も助からないのに？

相談者　そうですね……。

美　輪　そうお思いになりませんか？　まず、自分を助けなきゃ。人を助けるには、自分をまず助けて、助かったところで人助けに移るんです。順序を間違えちゃダメですね。

自分はこうでなければいけないという思い込みは、自縄自縛の落とし穴です。これしかないというのは、自分に対して失礼なの。もっと可能性がいっぱいあるんだっていうこと。

お店を持つとか、事業を始めるとかで、人から憧れられるようになったほうが素敵じゃありませんか。もっと視野を広げて、自分の可能性を信じてください。

相談者 そうですね。なんか、今までは芸能界がゴールみたいに思っていたんですけれど、ずっとそれに執着して、ほかが見えていなかったと言いますか。

美輪 損してましたね。ちゃんと、まともに、しっかりやってきたんだから、わざわざ、みじめになることを選ぶ必要はないんじゃありませんか？

相談者 でも、私の芸名をつけてくれた霊能者の方がいるんですけれど、その方は「食べ物はかじってみないと、見た目だけじゃ味がわからないじゃない」って言われたんです。「だから甘いか苦いか、実際に自分で経験してみたら」って。

美輪 無責任な方ですね。今、経験しているじゃありませんか？　甘いですか？　苦いでしょう？

向いていないのに、向いていると思い込んでいるんです。向いている人だったら、あれよあれよという間にスターダムに乗っかることができるんです。

才能だとかじゃないんです。偶然がいっぱい重なってくるんです。だから、あなたはみじめになるから、その道を選ぶのはおやめなさいっていうことです。こういうことを言ったら憎まれるかもしれませんけどね。

相談者高瀬 うーん。わかっているんですけれど……。今はまだ20歳でいらっしゃいますし、進むべき道の選択肢って無限にあると思うんですけれど、芸能界以外は自分が腐ってしまう道っていうふうに考えるのはもったいないかなという気がいたしました。

美　輪　今の心境は？

相談者　自分の中では、正直まだ悩んでいます。

美　輪　ずーっと悩んできたんだから、この数時間で変われるわけもないでしょう。でも、一生のことを考えないとね。

相談者　はい、でも、いい学びになりました。

美　輪　それは、ようございました。元気に頑張ってくださいね。

自分を救えないものが
人を救うことはできない
まずは自分を救ってください

感情は脇にどかして、理知を働かせなさい

Q 他人より優位に立ちたい、高評価を得たいという自己顕示欲を抑えられない……

素直じゃないですね。あなたは、仕事と人間とをごっちゃに考えています。仕事のことだけをお考えになればいいんです。そこに人間が介在してくると、「あの人はうらやましい」「私のほうが頑張っているのに」となるんです。仕事に人間性を持ち込んじゃうまくいきません。

誰がどうとかじゃなく、仕事のことだけを考えれば、こうすれば売上げが上がるとか、仕事がはかどるとか、クールになれるんです。そこに自分の立場やプライドといった人間をチラつかせるから、嫉妬したり焦ったり、うらやましがったり、余計なものがいろいろ湧いてくるんです。だから人間は念頭に入れないこと。そうするとスッキリしますよ。対人関係までうまくいくようになるんです。

みんな自分と同じだと思うから、不満が生まれる

Q 周りに気を配れない人を見るたびに、イライラしてしまう……

こんな発想をすること自体、問題ですね。偏見を持っている人間に限って、世の中に偏見があるなんてことを夢にも思わない。あなたは、世の中にいるのは自分ひとりだと思っていらっしゃる。自分本位なんです。この世の中は、それぞれみんな、いろんな生活の仕方で、明日のお金をどうしようとか、病気だとか、心ここにあらずの悩みを抱えている人もいらっしゃるでしょう。千変万化で、いろんな悩みがくるくる変わってきますしね。いろんな闘いがあるわけです。

老いも若きも、私生活の中で悩みのない人なんていません。自分の闘いで精一杯で、ほかのことに気を配っている暇はない。そういう人がいっぱいいて、この人はこういう生活をしているんだろう、悩みがおありになるんだろうと思っていれば、こういうことは言えないはずです。

給料は「ご苦労賃」と割り切りましょう

Q 引き継ぎをしないまま育休をとった同僚の尻拭いをする羽目に。ストレスが溜まるばかり……

同僚には家庭があり、綺麗な奥さんがいて、赤ん坊もいる。それに対する羨望の気持ちが、どこかでくすぶっているんですね。「よかったわね、奥さんと子供さんにもよろしく」ぐらいの気持ちになれば、自分がラクになります。そうすると、向こうの人にも良心が芽生えるんです。「申し訳ない」と思うから、次からは仕事を押し付けるのを減らそうと思いますよ。

そもそも、会社がなぜ給料を払うのかというと、ご苦労賃なんです。嫌な思いをして働くからお給料をくれるところが会社なんです。腹を立てたり、ショボンとしたり、いろんなきつい思いをしたことに対して、「ご苦労だったね、ご苦労賃ですよ」って言ってくれるのが給料なんです。そう思えば、文句を言う筋合いはありません。極楽に通っているわけじゃないんだから。楽しい思いをして遊んでて、お給料をもらったら罰が当たりますよ。

心の中に花を持って

モヤモヤ相談

相談者の悩みは、「移住先の職場で人間関係がうまくいかない」こと。夫と子供と一緒に、都心から地方へ引っ越した相談者。その土地ならではの雰囲気になかなかなじめず、モヤモヤしています。

相談者　私はコロナ禍のときに都心から地方へ引っ越したんですが、移住先の職場の人とうまくいってないっていう悩みがあります。噂話とか人の悪口が多くて、それに同調しないと気まずい雰囲気になってしまうんです。仕事に差し支えがない範囲で距離をとってしまえばラクにはなるんですけど、もっと溶け込もうと努力をしたほうがいいのか、どこまで周りと合わせるべきなのか。

美輪　田舎には話題がないんです、それぐらいしか。

高瀬　今の暮らし自体には満足していらっしゃるんですか？
相談者　そうですね。近くに散歩に行ける森がいっぱいありますし、職場も融通を利かせてくれるので子育てに専念できて、すごくありがたいです。
美輪　じゃあ、子供のために万難を排し、我慢しようってことはできませんか？
相談者　できます。でも、もっとなじむ努力をすべきなのかなって、悩んでいました。
美輪　もっと入り込むと、もっと面倒くさいことに巻き込まれますよ。
高瀬　除け者にされているとか、そういうことではないんですね？
相談者　たぶん、嫌われていると思います。なるたけ関わらないようにしているので、みんなが会話をしているときに、私ひとり、淡々と違うことをしたり、外の空気を吸いにいったりして、逃げている感じです。
美輪　それを向こうも察知したわけですね。じゃあ、あなたが原因をつくったんだから、あなたのほうからさりげなく少しずつ、その中に入るようにしたらどうです？　みんなで会話しているとき、あなたは怖い顔をしていると思いますよ。

相談者　そうなんです。以前、私が言ったことで傷ついたと言われたことがあるので、気をつけるようにした結果、自然な会話ができていないと思います。

美　輪　なにを言ったんですか？

相談者　相手は、「わかるわかる、そうだよね」っていう同調を求めているのに、「私はこう思います」って切り返しをしがちなんです。

美　輪　それは1回ですか？

相談者　何回も。母親によく、「あなたは無意識に人を傷つけることを言うことがあるから、気をつけるように」と言われてきたので、昔からだと思います。

自分の何気ない発言が、思いも寄らない形で相手を傷つけてしまうという、相談者。幼いときから母親に注意されてきましたが、今でも人と自然に接することが苦手だと言います。

美輪　もっと肩の力を抜いたらどうです？

相談者　抜きたいんですけど、自分の発言で相手が傷ついた経験があると、やっぱり。

美輪　困ったもんですね。お母さんの言葉を思い出したらどうです？　なにを言ったときにお母さんはそう思ったんでしょう。

相談者　たとえば、誰かがなにかを「好きだ」って言ったときに、素直に、「あ、私はそこまで好きじゃないかも」って言ってしまうような感じです。

美輪　あなたのことなんてどうでもいいんですよ。あなたは自分ありきなんです。余計なことは言わないこと。「ねえ、あの人、素敵ね。どう思う？」って相手が聞いたときに、「私は別にタイプじゃないわ、どこがいいの？」なんて言われちゃったら、「あなたは好きじゃないかもしれないけれど、私は好きだと言ってるのよ」って思うでしょう。

相談者　話を聞いていることを示すために、一言なにか言ったほうがいいかなって思ってしまうんですが、必要ないってことですか？

美　輪　向こうが同調してほしいときには、相手が言ってほしい、プラスのことを言ってあげればいい。「そう、好きなの。じゃあ、頑張ってね」って言っていればよかったんです。それが人間社会のルールなんです。でも、あなたは逆に、水を差すような爆弾しか落とさないんですから。そういう人を野暮な人って言うんです。

相談者　そうですね。

美　輪　自分も生きやすいし、相手もいい気持ちで生きていけますよ。一番いいのは微笑むんです。優しく、ちょっと微笑みながら、「そうなの、へー」って相槌をうつだけ。粋な人になればいいんです。労りと優しい思いやりのある人に。

相談者　粋な人？

美　輪　洗練された人は、人が自慢していることを否定したりしません。
　出しゃばりは嫌われます。その人が嬉しがってしゃべっているんだから、「間違ってる」と思っても、「それもそうね」と言っていればいいんです。その人にはそういう価値観があるんだから、「そうなの、へー」って聞き上手になるの。

相談者 言ってみます。

美　輪 今、言うセリフですよ。

相談者 はっ！　そうですね、出しゃばらずに、聞き上手になりたいと思います。

美　輪 大事なのは包容力。剣じゃなくバラです。剣を持つのではなく、バラを常に持ってください。心の中に花を持って、いつもニコニコしていればいいんです。ちょっと返事するのでも、「へー、なに」って無表情で答えるより、「ええ、なあに？」って、ニコッと笑えればいいんです。

ときには
見ざる、聞かざる、言わざる
そして思わざる

微笑みと美しい言葉遣いを忘れずに

Q 後輩を指導する立場になり、声がけや伝え方に細心の注意が必要だと感じている……

これは簡単、微笑みと敬語です。微笑みは万国共通の通行手形です。たとえば面接に行って、よろしくお願いしますってドアを開けた途端にニコッと笑って、なにか聞かれたときもニッコリ笑って相手を見る。もうそれだけで合格です。お得意さんにも嫌な思いをさせない。会社の同僚の中にあっても和気藹々《あいあい》とするし、角も立ちません。
そして、労《ねぎら》いの言葉、お礼の言葉、感謝の言葉を気前よく出すべきです。夫婦であっても、他人同士であっても「これやっとけ」って言うのではなく、丁寧に「これやっといてくれたまえ」。それから、上から目線で「お前」とは言わずに、「君ね」と呼びかける。「お前、これやっとけ」って上司に言われたら、部下はなにをエラそうにとお腹の中で思うわけ。でも「君ね、こうしといてくれたまえ」って言われたら、自分はちゃんと人間として尊敬されているって意識するから、心から言うことを聞くんです。もう一度、日本語を見つめ直したらどうですか？

上司になったのが運の尽き

Q

何度もミスを繰り返す新人。注意しても、また同じミスをする。どう教育していくべきか、悶々とするばかり……

「人を見て法を説け」という言葉があります。人間にはいろんな能力があります。向き・不向きもあります。忘れ癖があって、何度言っても忘れてしまう人をいっぱい見てきました。悪気があってするんじゃないんです。能力なんです。だから、いかに上手に、噛み砕いて教えるかを勉強するのも上司の仕事です。上司というのは仕事ができればいいだけじゃないんです。社員教育も給料のうちです。

ただ、注意するにしても、怒鳴ったりするとパワハラで訴えられますし、それでノイローゼになる方が結構いらっしゃいます。ですから、「君は、そういう癖を直すようにしないと社会では生きていけない」ということを、優しく教えたほうがいいですね。上司になったのが運の尽きです。フレーフレー、頑張れー。

オタオタすることはないじゃありませんか

モヤモヤ相談

相談者の悩みは、「若い部下との関係にひびが入ってしまった」こと。上司との約束を急に変更しようとした部下を注意したところ、関係がこじれてしまいました。これから先、部下をどのように指導すればいいかわからなくなってしまい、モヤモヤしています。

相談者　私は、今の会社に入って15年ほどになります。中堅と呼ばれる年代に差し掛かり、部下を引っ張っていくチームリーダーというものを務めています。最近、自分の都合を優先して、仕事を一生懸命やらない部下を注意したんですけれども、結果的には、その方と関係性がこじれてしまって、一緒に仕事ができなくなってしまったことにすごく落ち込んでいます。

高　瀬　部下との関係がこじれてしまったということですが、若い方ですか？

相談者　そうですね。入社3年目の女性なんですが、すごく優秀な子で人当たりも良くて。ただ、ちょっと急いでほしいときでも、一生懸命やるのが苦手というか、一生懸命やる姿を見せるのが苦手なタイプの子で、「仕事よりプライベートを優先します」というようなことを申していて。それでもチームの一員として長く一緒に仕事をしてきた仲間になります。

高　瀬　どういったことがあったかを教えていただけますか。

相談者　きっかけは些細なことで、目上の方との会議があって、それを彼女に仕切ってもらっていたんですけれど、前日にその子から、「自分の業務都合で日程を変更します」というメールがきたので、さすがに失礼に当たるなと思いました。自分との年齢的な熱量の差みたいなものは感じながらも、ちょっと覚悟を決めて伝えなきゃいけないと思い、「ビジネスマナーはしっかりしてください。やっぱり仕事を少しナメているように感じるときがあります」というようなことを伝えました。その際に、彼女が反省していないように見えましたので、「自分の仕事に対する責任感とか、情熱、熱意が足りないんじゃないですか」というような少し厳しいことも言いました。その後、彼女はまったくしゃべらなくなってしまって。

見かねた私の同僚が彼女と話し合う場を設けてくれたんですが、そのときに彼女から言われたこととしては、「責任感はあると思っています。そちらが責任感がないと決めつけているだけじゃないですか」と。「私の行動を心配しているようなそぶりも嫌でした」ということを繰り返し言われました。正直、信頼されていなかったことが結構ショックです。

話し合いをしたものの、部下との関係を修復できなかった相談者。結果として、上司からもとがめられることになり、社内に居場所がなくなってしまったように感じています。

相談者　いろんな方から追い打ちをかけるように、「時代が時代なので、もうこれからは厳しく言ってはいけません」「あなたの言い方が悪かったところもあります」と。あとは、「やっぱり人付き合いが下手だよね」とか「今回の問題はあなたが起こしたことだという自覚はありますか?」とか……。

美　輪　みんな保身のほうが大事ですから。

相談者　一個一個は小さいことなんですけど、何度も何度も刺されているような気になってしまい……。

美　輪　お泣きになることはありません。今起きていることじゃないのですから。過ぎ去ったことだから、冷静にお話しになってください。

相談者　私自身、新人の頃は仕事に対する姿勢について厳しく叱られることもありました。「まだ学生の気分ですか?」とか、「お客様なんですか?」「仕事をナメているように感じます」と言われたことも。でも、そこから反省して、一生懸命、精一杯やってきました。

美　輪　あなたも、その女性の部下に、自分が言われたことを言ったんですね。その部下の方は、今どうなさったの?　現状維持ですか?

相談者　私のことを無視というか、私から距離をとっていまして、仕事上のコミュニケーションもとれないんですが、彼女が業務を変えてくれと上に申し出て、来月から私の部下ではなくなります。彼女と対話する機会も奪われてしまっている状態です。

美輪　よその部署に行って幸いじゃありませんか。気にすることなんてありません。ただ気になるのは、「ナメるな」という言葉。そういう言葉は内々で使うものであって、パブリックな場所で使う言葉じゃありません。「仕事をおろそかにする」という言い方ならわかりますけれど、「ナメるな」というのは、家の中とか友達だとか、そういったところで使う言葉ですから。それはよくなかったですね。

相談者　そうですね……。

美輪　彼女に注意したときに、どういう感じで怒鳴ったんですか？　大きい声で感情的になったんですか？

相談者　どんな言葉が正しいのか考えられなかったので、私の知っている語彙の中で伝えました。

美輪　下手な言葉を使って怒鳴ると、パワハラになるのはご存じですか？　筋道の通ったことを注意してもパワハラだと言って訴える人がいますから。だから、ちゃんと公用語を使ったほうがいいんです。その勉強の場がきたとお思いにならない？

相談者　確かに、感情をまじえて話すべきではないと思いながら、感情が入ってしまったことが問題でした。言葉を正すことができていないことは反省しています。

高瀬　仕事に対してとても真面目で、熱心で、これまで上司、先輩から受けた恩をしっかりと受け継いで、自分の部下や後輩達に伝えてあげたいというお気持ちがすごくあるんだろうなと。ことの大小はあるにしても、今いろいろなところでこういうことって起きているんだろうなと思います。

美輪　どこの会社でも、こういう話はあります。だから、正しい、丁寧な言葉遣いを研究なさったらいい。丁寧な言葉を使うことで、穏やかで、お互いに敬意を持てる柔らかな人間関係を築くことができるようになりますから。

家庭を持ち、3人の子供の父親でもある相談者。美輪さんは、相談者のある仕草から、悩みの核心を見抜きます。

美輪　ところで、さっきから見ていると、目線がいつも下を向いていらっしゃるのね。いつもそうですか？　おうちの方からなにか言われたことがおありにならない？

相談者　そうだと思います。妻からも、オドオドしているように見えるから、よくないいんじゃないかということは言われます。

美輪　若い頃からそうじゃありませんでしたか？　小さいことでクヨクヨ考える、気にしすぎなタイプ。

相談者　おっしゃるとおりだと思います。兄から暴力をふるわれ、本当は自分自身がずっと子供のようにビクビクしていたことが問題だと気づいていたけれど、見ないふりをして取り繕っていた気がします。

美　輪　また下を向いている。ダメですよ。まず、それを直しましょう。人間は悩むと、うなだれて猫背になっちゃうの。胸を張って体をまっすぐに、目線もまっすぐにするんです。そうすると少しずつ、気持ちも冷静に戻ってきます。姿勢を変えるだけで、考え方も変わってきます。

相談者　すみません。自分に自信がないところが、やはり一番の問題なのではないかと。

美　輪　なぜ自信がない人に要職を与えたのでしょう？　仕事ができるから与えたんです。それだけの力があるから、認められて、今の地位に就けたし、部下もできたわけでしょう。無駄なコンプレックスは持たないほうがいいです。

　自己主張ばかりの部下が来たからって、オタオタすることはないじゃありませんか。実績がおありになるからこそ、今の地位にあるわけでしょう。

相談者　そう思います。おこがましいですが。

美輪　その謙虚さはいりません。デンと構えて、すぐお泣きになる、その癖をまず克服することです。自分が自分に負けちゃダメです。

下を向きそうになったら、私の怖い顔を思い出してください。３人の子供の父親として、恥ずかしいか恥ずかしくないか、それを基準になさればいい。泣きべそはダメですよ。

あしたを生きるあなたへ

人に云えない悩みや苦しみを
抱えた人もしっかり生きている
同じ人間
あなたにもできる

おわりに

生きている限り、苦労は次から次へと一生ついてきます。

でも、今までいろんなことがあったけれど、それらを踏み越えてきたからこそ、今、存在していらっしゃるわけでしょう。

ですから、良い方法を教えます。これからは何かあるたびに鏡を見ることです。鏡を見て、「生まれてこの方、一番つらかったこと」を思い出すんです。

「ああ、あのときは本当に、死のうかと思ったほどつらかったな」

そう思って自分の姿を見ると、そこには紛れもなく、生命力に溢れて生き抜いてきた自分の姿が映っているはずです。「でも、生きてきたじゃないか。あれを乗り越えてきたということは、私に力があったからじゃないか」という証拠が残っているんです。

こんな世の中、おのれを信じるということが一番大事なのです。どんな困難が降りかかっても、「どうせ命までは取られやしない、今まで生きてこられたんだから。今度もできないことはない」と思うことです。

今まで生きてきたんだもの、これから先だって生きられないことはないのです。

美輪明宏

番組が始まったのは２０２０年。コロナ禍で当たり前の日常が失われ、仕事、学校、恋愛、友人関係など、皆がいつも以上にモヤモヤを抱えていた時期です。大げさに聞こえるかもしれませんが、『美輪明宏愛のモヤモヤ相談室』は、そうした時代の要請を受けて生まれたと思うのです。

波瀾万丈の人生を歩んできた美輪さんが向き合うのは、誰にも打ち明けられない悩みを抱えた相談者の皆さん。非日常の空間に最初は戸惑い、限られた時間で納得のいく相談ができるのか不安もありました。しかし、美輪さんの「聞く力」と「気づかせる力」は想像をはるかに超えていました。今でも忘れられないのは、初回、自信を失い将来を悲観した相談者の方に美輪さんが投げかけた「自分を愛していますか」という言葉。その瞬間、相談者の方は目を見開き、みるみるうちに涙があふれました。目の前で起きた光景に衝撃を受け、感動したことを鮮明に覚えています。

美輪さんは、解決法を授けるよりご本人が自ら気づくよう導きます。時に厳しい言葉もありますが、番組を重ねていくうち、私は美輪さんの言葉の奥に「あなたは精一杯生きていますよ」「よく頑張りましたね」というねぎらいや励ましのような深い優しさ、愛情があると感じるようになりました。だから「愛のモヤモヤ相談室」なのだ、と。

当初、案内人として美輪さんと相談者の間に割って入るのが恐れ多く、つとめて自分の存在を消そうとしていましたが、美輪さんに「もっと積極的にどうぞ」と言っていただき、徐々に参加するようになりました。美輪さんに正対する相談者の緊張は相当なもの。対話を見守りながらも、時には相談者に代わって尋ねるなどのサポートを心がけています。

美輪さんのそばで学んだのは、「皆、一所懸命に生きている。だからこそ思い悩む」ということ。美輪さんの言葉が今を生きる私たちの心に強く響くからこそ、『美輪明宏 愛のモヤモヤ相談室』に多くの方が共感してくださるのだと思っています。

ＮＨＫアナウンサー　**高瀬耕造**

美輪 明宏（みわ・あきひろ）

1935年、長崎市生まれ。歌手、俳優、演出家。国立音楽大学附属高校中退。16歳でプロ歌手としてデビュー。銀座のシャンソン喫茶「銀巴里」を拠点にし、注目を集める。1957年に『メケ・メケ』、1966年に『ヨイトマケの唄』が大ヒットとなる。1967年、演劇実験室「天井桟敷」旗揚げ公演に参加、寺山修司の『毛皮のマリー』、三島由紀夫と組んだ『黒蜥蜴』ほか数多くの作品に出演。以後、演劇・リサイタル・テレビ・ラジオ・講演活動などで幅広く活動。1997年、舞台「双頭の鷲」で読売演劇大賞優秀賞を受賞。2018年、戦後の日本にジェンダーを超えた生き方を示したこと、長きにわたり舞台・映画・テレビ・講演・著作と多方面で夢と感動を与えてきたことなどから、東京都の「名誉都民」として顕彰される。『紫の履歴書』（水書坊）、『人生ノート』『ああ正負の法則』（共にパルコ出版）など著書多数。

●オフィシャル HP　https://o-miwa.co.jp/
●公式携帯サイト「麗人だより」　https://www.reijindayori.jp/

愛《あい》のモヤモヤ相談室《そうだんしつ》

2024年11月5日　第1刷発行

著　者　美輪《みわ》明宏《あきひろ》
発行者　佐藤 靖
発行所　大和《だいわ》書房
東京都文京区関口1-33-4　〒112-0014
電話　03（3203）4511

ブックデザイン　中島健作
写　真　御堂義乗
編集協力　NHK「愛のモヤモヤ相談室」制作班
中川真輔（グループ現代）

本文印刷　厚徳社
カバー印刷　歩プロセス
製本所　小泉製本

ISBN 978-4-479-01234-4

https://www.daiwashobo.co.jp/